中老年象棋

象棋

进阶指导

内修涨棋要诀

刘锦祺 编著

·北京·
化学工业出版社

图书在版编目（CIP）数据

中老年象棋进阶指导：内修涨棋要诀/刘锦祺
编著．—北京：化学工业出版社，2022.9
ISBN 978-7-122-41807-4

Ⅰ.①中… Ⅱ.①刘… Ⅲ.①中国象棋-中老年读物
Ⅳ.①G891.2-49

中国版本图书馆CIP数据核字（2022）第115173号

责任编辑：杨松淼　　　　　　　　　　装帧设计：张　辉
责任校对：边　涛

出版发行：化学工业出版社（北京市东城区青年湖南街13号　邮政编码100011）
印　　装：三河市延风印装有限公司
710mm×1000mm　1/16　印张10½　字数200千字　2022年10月北京第1版第1次印刷

购书咨询：010-64518888　　　　　　　售后服务：010-64518899
网　　址：http：//www.cip.com.cn
凡购买本书，如有缺损质量问题，本社销售中心负责调换。

定　　价：59.80元

序

不论在繁华的都市还是边塞小镇，只要有人生活的地方都可以看到棋类爱好者的身影。不同年龄、不同身份、不同知识文化水平的人都能在下棋中寻找到同样的快乐。

所谓"善弈者长寿"，象棋除了具有雅俗共赏的娱乐性外，还兼具体育竞技、艺术欣赏等功能于一身，是一种培养品格、锻炼思维、有益身心、延年益寿的益智类游戏。

我与锦祺相识多年，他对象棋孜孜以求，兢兢业业，人品、棋品俱佳。中老年棋友们如果通过阅读本书，棋艺水平得到升华，作为受邀为本书作序的我而言，也是不胜荣幸和欣慰的！

我在阅读完《中老年象棋进阶指导》的书稿后感触颇多。首先便是感觉看到得太晚了，这本书真是送给喜欢象棋的中老年朋友们的一本好书！其次是大有耳目一新、眼前一亮的感觉。书中对棋理的阐述由浅入深，循序渐进，实用性很强。诸如象棋五大原理、六个技巧、残局规律等内容，把深奥的棋理用通俗易懂的文字和浅显易懂的例题分析展现出来，让中老年朋友一看就懂，而且能活学活用，这是非常难能可贵的。

本书还有一个非常宝贵的特点，就是它根据中老年象棋爱好者的技术特点进行了分析和总结。例如很多中老年朋友在多年下棋的过程中已经对一些布局有了自己的认知并总结出了一定的套路，有些是值得称道的，而有些明显是存在误区和改进空间的，书中都能有针对性地指出来并给予明确的指导意见。相对而言，如果这些内容仅是从评棋、例题解析的角度来进行客观评述，味道就会显得淡了许多。

本书作者刘锦祺先生，师从辽宁省著名象棋大师赵庆阁，近年来从事象棋教练和裁判工作，颇有建树。作为一名国家级裁判，他多次出任全国赛事的裁判长，更多的时候能对象棋有一种"旁观者清"的客观视角和领悟。作为辽宁省著名的教练，他的学生多次获得全国少年赛事的优秀名次，近年来在开展的老年公益教学中，又培养出多名"老黄忠"级冠军（"老黄忠"是老年赛事中的一个特殊奖项，指的是赛事前三名中，年龄最大的参赛者，其所得名次的奖金翻倍）。

总而言之，无论是作者的专业水平和教学能力，还是书的独特内容编排与讲解方式，对于中老年象棋爱好者而言，能读好此书，都是学习象棋理论和技法、提升综合棋力的不可多得的机会。

同时借此契机，我也想和喜欢下象棋的中老年朋友分享自己下棋的几个心得。第一，要快乐下棋，不以一局棋的输赢论英雄，胜固可喜，败亦欣然，赢得起也要输得起。第二，要适度下棋，下棋也属于体育运动，是因为它需要高强度的脑力活动，中老年朋友要合理分配精力，张弛有度，才能保证身心健康。第三，要保持平常心，不论处于何种局面中，都不要情绪过分激动，过度的焦虑和紧张情绪，对我们的身体健康不利。

最后，预祝《中老年象棋进阶指导》大卖，通过这本书，能让更多的中老年象棋爱好者体会到涨棋的喜悦，享受到赢棋的快乐！

全国象棋冠军、特级大师

陶汉明

前　言

　　随着近年来人们生活水平的日渐提高，老有所养已不再是人们的奢望，越来越多的中老年朋友考虑的是如何老有所用、老有所乐。说到这儿，就不得不提到在我国群众基础最为广泛，且尤其受中老年群体喜爱的益智类游戏——象棋。

　　下象棋对中老年朋友的益处是非常多的。

　　首先，它作为一项智力运动，在双方对弈的过程中，需要不断地思考和计算，使大脑得到非常充分的锻炼。

　　其次，下棋需要足够的耐心。在棋局的进程中，只有从始至终都能作出冷静的判断和选择，才能提高自己获胜的概率。对老年朋友来说，锻炼控制情绪的能力，让自己时刻都能处变不惊，才能拥有一个健康的心态。

　　另外，中老年朋友通过下棋可以陶冶情操、修身养性。让自己专注于棋局中，自然而然会忘却生活中的诸多琐事和烦恼。

　　最重要的一点，象棋虽是两个人对弈，但在中老年朋友的生活中却通常是一项群体活动。大家聚在一起切磋棋艺，既增进友谊，又使得老年生活不会寂寞。在我国，会下象棋的老年群体数量非常可观，会下棋的老人就不愁找不到朋友。

　　近年来，在全国老龄委、中国象棋协会的组织下，全国老年人象棋赛、省级象棋赛老年组、省级老年人运动会等赛事不断涌现。这些赛事为广大老年人和即将步入老年行列的中年人提供了很好的展示自己棋艺的舞台。对此，笔者作为多届老年人象棋比赛的裁判长和教练员，自是深感欣慰。

不同于初学者，大部分中老年爱好者均已接触象棋多年，早已形成了自己的思维体系和行棋风格。不过由于缺少正规的训练和指导，往往是棋瘾很大，但棋力却不过硬，普遍存在明显的技术短板和认识误区。对于这样的情况，笔者认为首先要带给中老年棋友的，是正确的象棋思维和对棋理的理解。《中老年象棋进阶指导》的立意也正在于此。

针对中老年爱好者的实际情况，笔者经过反复推敲和归纳，把想要呈现给读者朋友的知识要点，根据内容体系的差异，分为"外练实战技巧"和"内修涨棋要诀"两册。前者主要从布局技巧、计算分析、中局策略、残局转换等实际技法出发，指导中老年读者掌握一些可以立刻学以致用的"外家功夫"。而后者则是系统地为中老年读者"补习"那些本应在全盘实战之前就烂熟于心的基础原理、运子原则、审局方法和判断依据，这些棋理层面的内容对加强棋局的理解和把控力至关重要，可有效帮助中老年读者扫清盲区，提升棋艺水平。

本书结合了笔者多年来在老年大学讲课的心得体会，以全新的方式和角度来进行象棋学习方法的讲解，并且结合棋手在对局中易出现的问题，有针对性地提出解决方法。比起传统意义上的"象棋教材"，本书更像是一套解决中老年象棋爱好者理论缺失和实战盲区的方法论。

由于内容体系较为庞杂，在整理成书的过程中难免有纰漏之处，还望广大读者批评指正。

刘锦祺

目 录

第一章

掌握棋盘中的功能区域

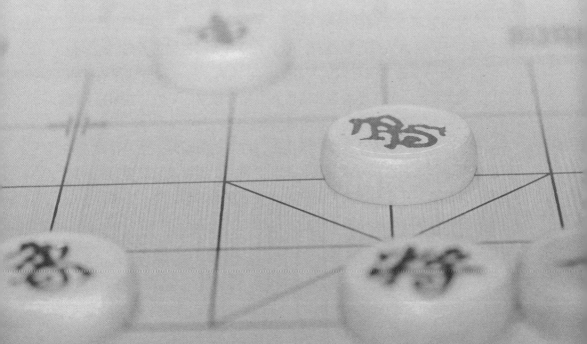

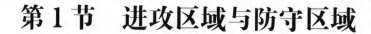

第1节　进攻区域与防守区域

如图 1-1，棋盘上有两个正方形，这两个正方形区域的含义稍有不同。对进攻方来讲，占据和控制对方区域内的点位越多，攻击力越强，因此，这个区域称为己方的进攻区域和对方的防守区域。同理，当对方子力进入己方正方形区域时，这个正方形区域就成为对方的进攻区域和己方的防守区域。这类判断方法又称为正方形法则。

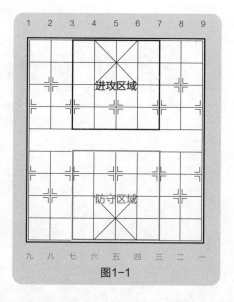

图1-1

对于这两个区域的控制方法有两种，一种方法是远程控制，即子力没有实际占据正方形区域，但子力攻击的覆盖范围可以达到正方形区域内。另一种方法是有效占据，特别是马、兵（卒）这些攻击距离相对较短的子力往往需要实际占据这两个区域才能实现有效的进攻或防守。

在这里要特别注意的是：运用正方形法则判断时，强调有效的实质控制，即推演出双方带有将、杀、捉等性质的着法所带来的实质结果，这是一种在子力进攻或防守时，确认调运方向的简易方法，并不作为局面优劣判断的标准。

例局 1

如图 1-2，红方先行。我们简单地进行一下形势判断。

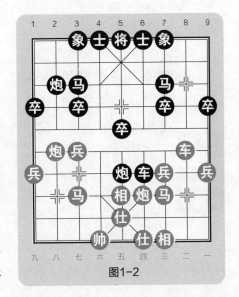

图1-2

红方对己方进攻区域没有子力控制，黑方有车、炮、卒三个子力对红方防守区域有控制。但是中卒在红方巡河炮和车的看守下暂时不能过河，黑方实际控制子力有两个，显示黑方处于进攻态势，红方处于防守态势。

由于当前局面下，仍然存在捉子、吃子的可能，我们要首先对局面进行推演。

①马七进五　车6平5　　②炮八进二

下一着黑方存在车5平2捉炮的手段，因此逃炮这着棋要考虑在内。

②……　　　车5平7　　③车二平三　车7退1

④相五进三　卒7进1

黑方净多双卒，物质力量占优。

⑤炮四平五　象7进5　　⑥马三进五　炮2平1

黑方不宜用卒换相，否则会放活红方中路马。

⑦炮五进三　士6进5

演变的结果是红方占势，黑方多双卒，在无车局面多卒的优势更为明显，结论是黑方略优。

既然直接交换，红方无法化解黑方的优势，红方就要想办法增强防守子力的调运，形成一个多子配合协同防守的局面。我们以此为前提，再尝试另一种推演。

①车二平四　车6退1

黑方如车6平7，则车四平三，车7退1，相五进三，炮5平7，炮四平五，象7进5，马三进五，红方局势得到很大改观，双方大体均势。

②炮八平四　炮5平4

黑方如卒5进1，则前炮平二，下一着兵三进一，红方反先。

③前炮平二　马3进5　　④兵三进一

红方重新建立巡河线的防守体系，黑方一时难以突破。整体形势黑方稍好，红方也可以接受。

例局2

如图1-3，红方车、炮对进攻区域形成控制，黑方防守区域的右翼仅有一马支援防守，防守力量稍显薄弱。依此形势，红方应加强进攻，增加在进攻区域中的子力投入，来扩大优势。

①马七进六

红方进马踏车，抢一步先手，为向进攻区域调运做准备。

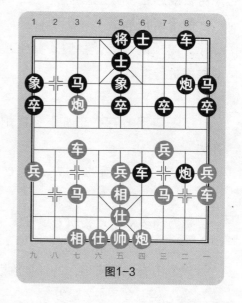

图1-3

①……　　　　车6进2

②炮七平八　前炮平7

黑方平炮主要是为8路炮进攻留出线路，以后有炮8进7，马三退二，炮7进3的先手，黑方可大获优势。

③车一平二

红方平车拦炮，减轻防守压力，必然之着。

③……　　　　炮8平7　　④车二进七　马9退8

⑤车七进二

红方炮七平八、车七进二这两着棋都是为六路马的调运腾出线路。

⑤······　　　　　车6退3　　　⑥马六进八　车6退1

⑦马八进六　车6平4　　　⑧兵五进一

红方进中兵以后伏有车七退三或马三进五等手段，继续向黑方施加压力，保持攻势。行棋至此，红方优势明显。

例局 3

如图1-4，红方先行。双方进入无车缠斗的态势。红方积极向进攻区域调动子力，不断扩大优势。

①马八进六

红方进马加强进攻，以后有马六进四捉马的先手。

①······　　　　　炮3退3

黑方退炮加强防守，是当前局面下最顽强的应着。

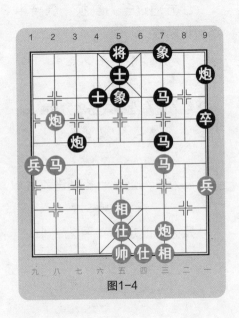

图1-4

②马六进四　象7进9

③炮八进一　后马退6

④炮三平二

红方接下来伏有炮二进八，马6进7，炮八平五谋象的手段。

④······　　　炮9平8　　　　⑤炮二进五

红方进炮加强攻势，已经明显控制了局面。

⑤······　　　　　炮8退1

黑方退炮为象5退7做准备。

⑥马三进五　马7进8　　　⑦马五进七（红方大优）

例局 4

如图 1-5，红方先行。黑方在防守区域虽有重兵，但是将位不安，红方可以通过调运子力增强进攻区域的力量。

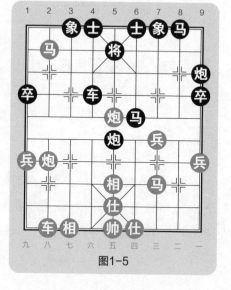

图 1-5

① 炮八平五　　马 6 进 5

② 马三进五

红方通过子力交换，保持中路的控制权。

②……　　　　炮 9 进 4

③ 车八进七

红方进车准备攻击黑方 8 路马。

③……　　　　马 8 进 9

④ 车八平二

红方车马炮三子控制进攻区域，为后续进攻做准备。

④……　　　将 5 平 4　　⑤ 仕五进六　　车 4 进 4

黑方如改走车 4 平 2，则车二平六，将 4 平 5，马八进六，红优。

⑥ 马八退七　　将 4 平 5　　⑦ 车二进一　　将 5 退 1

⑧ 车二退二　　将 5 进 1　　⑨ 车二平五　　将 5 平 6

⑩ 炮五平四（红方大优）

第 2 节　封锁和反封锁区域

如图 1-6 形势，相对于红方来讲，棋盘上红色的区域就是封锁区域，反之，本方的黑色区域就是反封锁区域。同理，对于黑方来说，红方的反封锁区域就是黑方的封锁区域，红方的封锁区域就是黑方的反封锁区域。

特别在开局阶段，封锁与反封锁是布局战的焦点和主要战斗方式。双方的车、马、炮、兵（卒）都会尽可能地在这个区域展开。运用好这个区域，有助于在布局阶段快速出动大子并使子力之间形成整体的合力。

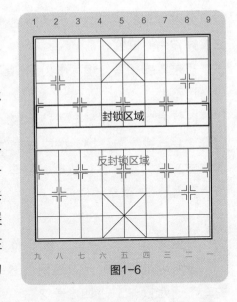

图1-6

在这个区域的各兵种随着位置的变化，作用也略有不同。下面为大家介绍封锁与反封锁的实用常型及应用举例，帮助大家理解这两大区域的功能与价值。

一、车的运用

车无论在棋盘上占据哪个位置，只要无子阻隔，均是横可控制八个位置，竖可以控制九个位置，它所能控制的位置比任何兵种都多，因此在封锁和反封锁的战场上，车是当仁不让的"主力军"。

【常用点位说明】

车的运用原则主要有三点：

一是出动宜早，及时占据有战略性价值的位置。以红方为例，如红方直车进四巡河意在拦阻黑马过河，或掩护己方进兵活马，常用在反封锁的棋形中。直车进五骑河则意在主动换卒、限制黑马出动，常出现在封锁对方河口的战术运用中。而直车进六意在吃卒压马、牵制对方车炮。

二是尽量处于身旁阻隔子力较少的位置为佳，这样车路畅通，可以充分发挥车的控制力，勿留险地，同时要避免处于被子力遮挡而无法发挥作用的位置。

三是车要和马、炮等子力密切配合，单打独斗的车在开、中局阶段作用不大。

以红方为例，在剩余子数不多、战斗呈胶着状态的情况下，红车宜守"兵林线"防马护兵；或占据对方"卒林线"扫荡对方的卒，削弱对方进攻力量。在抢攻时，红车宜占肋线（即四、六路线），也宜抢占黑方 3、7 路卒的位置禁马。

1. 巡河车

巡河车是指占据己方巡河线的车，通常以车二进四（车 2 进 4）或车八进四（车 8 进 4）直车巡河最为常见，在必要的时候也可以选择肋车，也就是四（4）路横车或六（6）路横车巡河，如图 1-7。巡河车是反封锁的常见手段，特别是应对对方以两头蛇阵势封锁时常常采用巡河车来打破封锁。

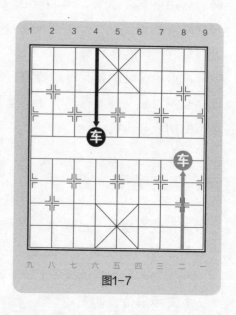
图1-7

【应用示例】

如图 1-8，黑方先行。上一着红方车九平八亮出左车，伏有炮八进四进炮封锁的手段，同时右翼还有马三进四闪击黑方 8 路炮的先手。黑方要同时应对红方两个攻击方案，此时就可以选择车 2 进 4，进巡河车。

① ……　　　　　车 2 进 4

黑方升车巡河，既避免红方伸炮封堵，又便于挺卒兑兵活马，以削弱红方两头蛇阵势对黑马的抑制。

② 炮八平九　车 2 平 8

黑方平车强化封锁并伏有炮8平7的抢先手段。

③车八进六

红方针对黑方3路马缺少保护的弱点，进车攻击，正着。

③……　　　炮8平7

黑方平炮兑车攻相，对抢先手。

④车八平七

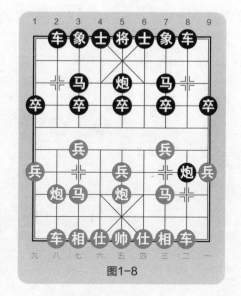

图1-8

红方直接吃卒压马，兑换之后，将形成各攻一面的复杂局势。如改走车二平一，则炮5平6，车八平七，象7进5，兵七进一，士6进5，变化较平稳。

④……　　　前车进5　　　⑤马三退二　车8进9

⑥车七进一　车8平7　　　⑦车七进二

红方进车先斩底象，次序正确。如改走炮九进四打卒，则车7平8，炮五平三，车8退2捉炮，红方因没有担子炮拦炮的手段，黑方反夺先手，将抢攻在先。

⑦……　　　炮7进1　　　⑧马七进六

红方进马的目的是兑去黑炮，解除右翼的后顾之忧，而盘河马雄踞河口虎视眈眈，并伏中炮平八路的进攻手段，是一种较为稳健的选择。

⑧……　　　卒7进1

至此，双方对攻激烈。

2. 骑河车

骑河车也称"跨河车"，指进到对方河口的车，如图1-9。骑河车可以控制对方的兵（卒）、马等各子的活动。《橘中秘·全旨》中有"骑河车（彼界），禁子得利"之说。骑河车是一种常见的封锁手段。

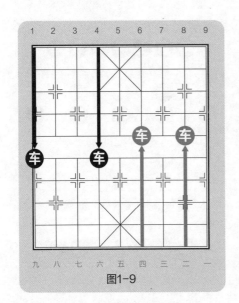

图1-9

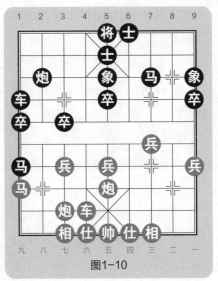

图1-10

【应用示例】

如图 1-10，红方先行。上一着黑方马 2 进 1，在边路积蓄力量，盘面上存在马 7 进 6 和卒 1 进 1 两种进攻选择。红方在此情况下，可以利用肋车骑河，走车六进四通过封锁要道来控制黑方反击的速度。

①车六进四

红方进车骑河，封锁黑方马 7 进 6 或马 7 进 8 的路线。如果改走兵五进一，则马 7 进 6，兵五进一，卒 5 进 1，车六进四，炮 2 退 2，车六退一，象 9 退 7，黑方阵型厚实且子力活跃，反先。

① ……　　　卒 1 进 1　　②炮七平五　炮 2 进 2

③车六进三　马 7 进 6

黑方进马威胁，准备车 1 平 4 兑车，伺机抢占肋道。

④车六平八

红方平车，不给黑方车 1 平 4 兑车的机会。

④ ……　　　炮 2 进 1　　⑤后炮平九　炮 2 平 4

⑥马九退七　象 9 退 7　　⑦仕四进五

双方互相牵制，大体均势。

3. 过河车

过河车是指出直车过河界至对方兵（卒）林线的位置，如图1-11。过河车常可起到抑制对方大子的开展，同时加快己方进攻速度的作用。由此可见，过河车也是一种常见的封锁手段。

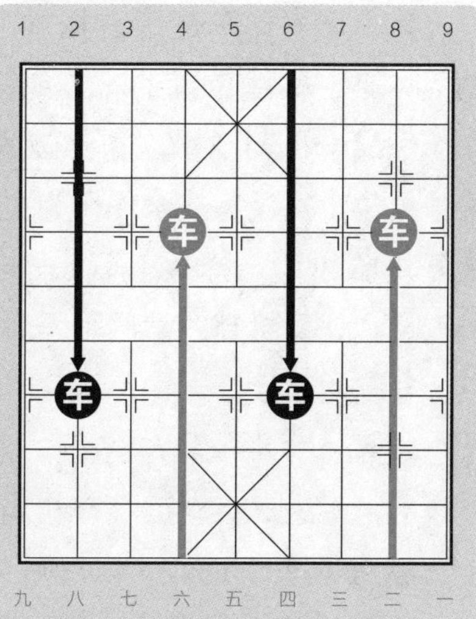

【应用示例】

如图1-12，红方先行。双方以小列手炮布阵，上一着黑方车9平8，伏有炮8进4进炮封车的手段，红方要避免右车被封可选择车二进六过河车。

①车二进六

红车过河，准备吃卒压马，抢先发动攻势。如改走兵三进一，则炮8进4形成半途列炮的阵形。

①……　　　炮8平9

②车二平三　车8进2

黑方高车保马后准备退炮打车反击。

③炮八平六

红方平仕角炮有两个用意：一是确保三路马有根，因为黑方接下来退炮打车的时候，很容易威胁到三路马；二是可以牵制黑方，使其这个时候不能走炮9退1，这也是此着棋的主要目的。

③……　　　马2进3　　　④马八进七（红方先手）

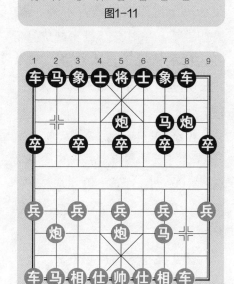

图1-11

图1-12

4. 兵（卒）林车

兵（卒）林车是指占据本方的兵（卒）林线位置的车，如图1-13。兵（卒）林车主要以联络、抢位、支援等战术作用为主。在开局阶段，选择兵（卒）林车的占位，是反封锁的常用手段。

【应用示例】

如图1-14，黑方先行。双方以五七炮进三兵对挺3卒布局，上一着红方车二进六，以后可以配合马三进四攻击黑方中路。黑方如果炮8平9兑车则中路失守。在这样的情况下，黑方可以车1进3先进卒林车保护中卒，再平炮兑车。

① ……　　　　车1进3

黑方选择进卒林车的应法，保护中卒的同时便于平左炮兑车，属于先巩固阵势，伺机后发制人的策略。

② 车九平六　炮8平9

黑方平炮兑车可以透松左翼压力，是一种稳健的下法。

③ 车二进三

红方兑车稳妥，如改走车二平三吃卒，则炮9退1，黑方有较强反弹力，所以在实战中红方平车的选择出现得很少。

③ ……　　　　马7退8　　　④ 马三进四

红方马跃河口，是最直观的攻法。

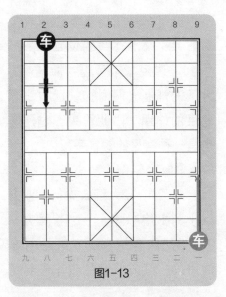

图1-13

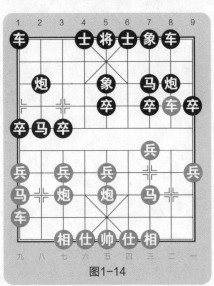

图1-14

④……　　　　士6进5

黑方补士以静制动，底马伺机而行。若改走马8进7，则马四进三，士6进5，马三进一，象7进9，炮七退一，红方略占主动。

⑤马四进三

红方马踏7卒，因黑方补左士使红车不能正对将门，红方若再炮轰中卒，威力将大打折扣。红方如改走马四进五，则马8进7，马五进三，炮2平7，红方右翼空虚，容易受攻，黑方满意。红方又如改走炮五进四，则马8进7，炮五退二，马2进1，炮七进三，黑方将5平6以后赚得象5进3的先手，并且保有车1平6的棋，红方不利。

⑤……　　　　炮9平7

黑方平炮拦马要比马8进7更灵活。至此，双方大体均势。

二、炮的运用

炮可以走到棋盘上90个点中的任意一点，利用炮进行攻击时要注意炮的攻击特点，即炮架离炮越近，炮所能控制的点位数就越多。反之，炮架离炮越远，则控制的点位数越少。炮最多可以横向控制7个位置，纵向控制8个位置。

【常用点位说明】

以红方为例，炮在开动时，平五是主攻、平四或平六是攻守兼备、平七或平三主控制对方3、7两路的马或底象，平一或平九主控制对方9、1两路边线。进一是保兵，进二巡河是伺机而动攻守两利，进四是封锁对方卒林线或以后平炮压马为下一着出直车预留位置，进五是限制对方的边马，还可威胁对方的3、7两路马，进三和进六则是较少选择的点位。

1. 巡河炮

巡河炮是指炮二进二（炮2进2）或炮八进二（炮8进2）所到达的巡河位置，如图1-15。从棋理上理解，由于巡河炮　步就可以进入反封锁区域，可以快速与其他子力配合形成反封锁和封锁的合力，因此，巡河炮兼有封锁和反封锁的双重功能。

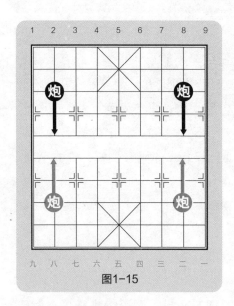

图1-15

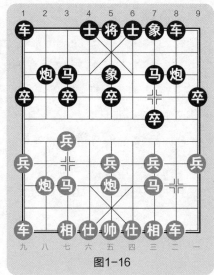

图1-16

【反封锁示例】

如图 1-16，红方先行。双方以中炮对屏风马阵形布阵。上一回合，黑方卒 7 进 1 挺卒制马，红方三路马受到封锁。在此情况下，红方可以走炮八进二升巡河炮，通过兑兵战术，活通三路马，打破黑方的封锁意图。

①炮八进二

红方升巡河炮的目的是准备伺机兑三兵，左炮右移并活通右马，进而使大子均得以快速出动。

①……　　　　　士 4 进 5　　　②兵三进一

红方兑三兵，活通右马，贯彻预定计划。

②……　　　　　车 1 平 4

黑方平车抢占肋道，如改走卒 7 进 1，则炮八平三，红方好走。

③兵三进一　　　象 5 进 7　　　④马七进六

红方进马配合巡河炮，实施河口的封锁。

④…… 炮2进2

黑方进炮防止红方炮五平六攻车。

⑤马三进四（红方先手）

【封锁示例】

如图1-17，红方先行。黑方升巡河车占领河沿，红方在此情况下可以升巡河炮对黑方进行反封锁，控制河口阵地。

①炮二进二

红方升巡河炮意在配合七路马对黑方2路车实施打击，在左翼形成半封闭式的开局阵型。

①…… 马8进7

②马七进八 车2平6

③炮二平五

红方平中炮为出动右车做准备。

③…… 象7进5

④车一平二 车9平8

⑤马八进九 炮3平4

⑥炮八平九（红方先手）

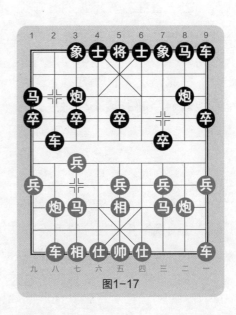

图1-17

2.骑河炮

骑河炮是指炮八进三（炮8进3）或炮二进三（炮2进3）占据对方巡河线的位置，如图1-18。控制或直接对对方巡河线上的子力展开攻击，这是开局中常用的带有封锁性质的攻击手段。

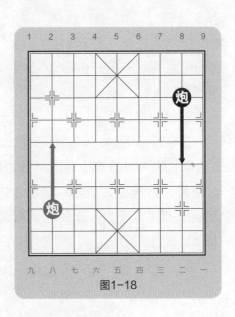

图1-18

【应用示例】

如图1-19，黑方先行。双方以五七炮进七兵对屏风马布局列阵，上一着红方车二进四升车巡河，准备兵三进一兑兵，拆掉黑方巡河炮的炮架，以便冲七兵攻马。在此情况下，黑方可以采用右炮骑河牵制的策略，对红方河口进行封禁。

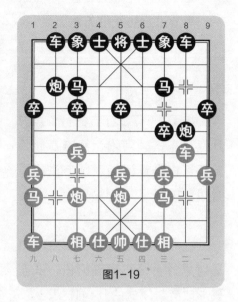

图1-19

① ……　　　　炮2进3

②兵五进一

红方中兵冲击黑方中路的同时，继续保留兵三进一的手段。

② ……　　　　象7进5　　③车九进一　卒5进1

黑方对挺中卒，发挥骑河炮的禁控作用。

④仕四进五　卒5进1　　⑤兵九进一

红方利用边马驱离骑河炮，是打破封锁的常见手段。

⑤ ……　　　　炮2进2　　⑥车二平五　炮2平5

⑦相三进五　车2进7

⑧炮七进一　士6进5（黑方满意）

3. 过河炮

过河炮有两种，一种是指炮二进四（炮2进4）或炮八进四（炮8进4）深入对方卒（兵）林线，既对对方进行封锁又拓展己方子力空间；另一种是指炮二进六（炮2进6）或炮八进六（炮8进6）直接压制对方子力。此处我们所说的过河炮是指第一种情况，如图1-20。

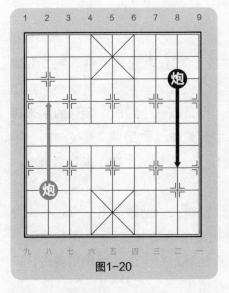

图1-20

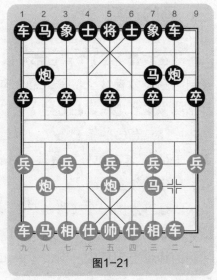

图1-21

【应用示例】

如图 1-21，黑方先行。

①……   炮 8 进 4

黑方进炮过河，限制红车的活动空间，以避免形成中炮对屏风马的常规变化。

②兵三进一

红方挺三路兵活马，是针对黑方封车所采取的反击手段。如被黑方 7 卒抢到先机，红方右翼车马将明显受制。

②……   炮 2 平 5   ③马八进七   马 2 进 3

④兵七进一   车 1 平 2   ⑤车九平八   车 2 进 4

黑方升车巡河，既避免红方伸炮封堵，又便于挺卒兑兵活马，以削弱红方"两头蛇"对黑马的抑制。

⑥炮八平九   车 2 平 8

黑方强化封锁并伏有炮 8 平 7 的抢先手段，足可一战。

三、马的运用

马在棋盘上90个点位都可以跳到。如没有蹩马腿的限制，马的控制范围最多有8个位置，最少有2个位置。马走法的特殊性决定了其不能像车、炮一样在直线上活动，而是以一个"日"字形的面来移动，因此具有面的控制意义。马是中距离作战的兵种，要配合车、炮或兵（卒），才能更好地做杀，对缺仕（士）的帅（将）威胁较大。

【常用点位说明】

以红方为例，左右两马宜一个选择进三、七路，另一个进一、九路。切忌同时进到一、九路（同时跳两个边马），以能处在其他子力保护的线位上为原则。河口（内）马控制对方河口线的作用突出；河口（外）马在炮的配合下可以起到封锁作用，也可以从边路突破；高相位马位置最佳，攻守都可发挥积极作用。

由于马受蹩腿的限制，马前兵往往成为活通己马和制约对方马的关键，双方兵卒的制约和反制约对双方马路的活通至关重要，这一点在运马前要格外注意。

1. 河口（内）马

河口（内）马是指马二进三（马2进3）或马八进七（马8进7）跳正马后，下一步走马三进四（马3进4）或马七进六（马7进6）的落点位置，如图1-22。

【应用示例】

如图1-23，红方先行。双方以中炮进七兵对反宫马布阵。此时黑方车晚出，红方要积极抢占要点，控制局面。在此情况下，红方可以选择马七进六跳河口

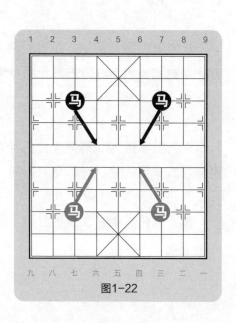

图1-22

（内）马，主动对黑方进行封锁。

①马七进六

进河口（内）马是双方必争的一步先手，红方不抢占这个位置，黑方就会选择马7进6，以后再车9进2、车9平7对红方进行封锁。

① ……　　　士4进5

②炮八平六

红方继续对黑方进行封锁的同时，为车九平八出直车预留线路。

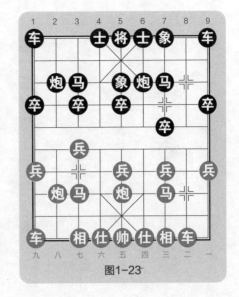

图1-23

② ……　　　炮2进3

黑方进炮打马，是打破红方封锁的好棋。

③马六进五

红方进中马正确，如改走马六进七，则车1平4，车九平八，车4进7，车八进四，马7进6，黑方对红方形成封锁之势，黑方满意。

③ ……　　　马3进5　　　④炮五进四　炮6进3

黑方闪击红炮的同时，在红方阵地中架起担子炮，对红方巡河线形成封锁。

⑤炮六平五　车1平2　　　⑥车九进一　马7进5

⑦炮五进四　车9进2

黑方快速出车，随时准备掩护担子炮。

⑧车二进六

红方进车积极，并伏有车二平四的封锁手段。

⑧ ……　　　车9平6　　　⑨车九平八（红方稍优）

2. 河口（外）马

河口（外）马是指马二进三（马2进3）或马八进七（马8进7）

跳正马后，下一步走马三进二（马3进2）或马七进八（马7进8）的落点位置，如图1-24。与内马相比，进外马封锁的意味更浓。

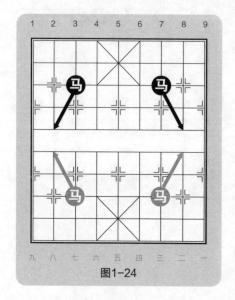

图1-24

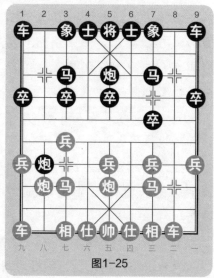

图1-25

【应用示例】

如图 1-25，红方先行。双方以顺炮直车对缓开车布阵。在双方均起正马加强中场力量之后，黑方挥炮过河准备压红方七路马头，或者打掉三兵使红方直车不便出击，从而对红方子力进行封锁和遏制。在此情况下，红方可以选择马七进八跳外马。

①马七进八

红方跳外马，打破黑炮封锁，同时控制黑方右车出路。

①……　　　　　车9进1　　②车九进一　车9平4

黑车先夺得肋线控制权是必要的。

③仕四进五

红方补仕可避免黑方车4进6侵扰，以保持进攻势头。

③……　　　　　炮2平7　　④车九平七

红方平车威胁，准备冲七兵打开七路线。

④……　　　　　象3进1

黑方飞边象保卫河口，是防红方冲七兵的好棋。

⑤相三进一

红方同样飞边相，防止黑方7卒渡河，并为右车再开辟一条通路，是稳健的走法。

⑤……　　　　车4进5　　　⑥炮八平六　车1平2

⑦马八进七（红方主动）

四、兵卒制约

兵卒的制约在开局阶段主要是指挺兵（卒）制马，包括进三路兵（3路卒）、七路兵（7路卒），或者针对对方跳边马而选择进九路兵（9路卒）或一路兵（1路卒）的情况。

在残局阶段，兵卒的制约常常是以双联兵（卒）或者三联兵（卒）的形式体现的。在中局阶段，双兵（卒）联手或者利用兵（卒）与其他子力配合的形式更为多见。

由于兵（卒）制约的形式种类很多，同时也比较直观，在这里就不再单摆示意图来说明了。

【应用示例】

如图1-26，红方先行。双方以中炮过河车进七兵对屏风马平炮兑车，红方急进中兵的变例布阵。在本例中，红方也可以放弃急攻的走法，选择相对稳健的叠兵封锁变例。

①兵三进一

红方进三兵虽减慢了攻势，但目的在消灭黑卒，进行有效牵制。

①……　　　　象3进5

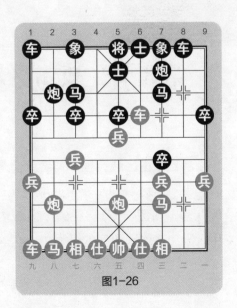

图1-26

黑方弃卒补象目的在加强中路防守，并准备进8路车至兵林线攻击红马。

②兵五平四

红方平四路兵欲布成叠兵阵势，这是抑制黑方7路线反击的有效战术。

②……　　　车8进6

黑方进车兵林线是谋取抗衡之势的关键之着。

③兵四平三

至此红方连走了四步兵，取得叠兵制马的效果，但左翼大子未动，也给了黑方反击的机会。

③……　　　卒3进1

黑方兑卒活马是有力的反击手段。

④兵七进一　车8平3　　　⑤炮八平六　车1平4

⑥仕四进五　炮2退1

黑方未雨绸缪，防御构思很严谨。

⑦马八进七　车3退2　　　⑧马三进四（红方主动）

第3节　攻击区域与反攻击区域

看到攻击区域，很多读者就会想到第1节的进攻区域和防守区域。的确，攻击区域和反攻击区域的范围在进攻和防守区域内，只是更靠近九宫，如图1-27。在这个区域内马和兵（卒）更能发挥其攻击作用。因为在作杀组形的过程中，这一区域的子力调运更为密集。

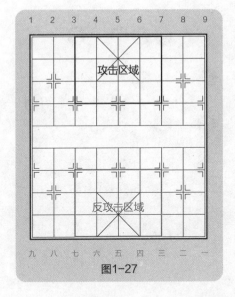

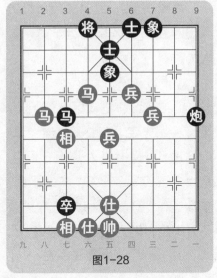

图1-27   图1-28

如图 1-28，红方先行。红方借助多兵之利和子力位置上的优势，不断对黑方施加压力。

①马八进七　　将 4 进 1　　　②兵三进一

红方继续进三兵向黑方施压。

②……　　　　炮 9 进 2　　　③马七退八

红方准备兵五进一再兵五平六攻击黑马。

③……　　　　马 3 退 4　　　④马八进七

红方四个攻击子力占据攻击区域，黑方已经很难防守。

④……　　　　炮 9 平 3　　　⑤相七退五　象 7 进 9

黑方如改走炮 3 退 3，则兵五进一，红方接下来可以兵五平六，攻势凶猛。

⑥兵四平五　象 5 退 7　　　⑦马六进八　马 4 进 3

⑧马七进八　将 4 退 1　　　⑨后马退七（红方得子胜定）

此外，攻击区域和反攻击区域与进攻区域和防守区域一样，不仅仅强调实际占据，还要格外注意车、炮等远程子力的控制，这在作形势判断和拟定计划时非常重要。

如图1-29，红方先行。红方可迅速在攻击区域调运子力，扩大优势。

① 马二进三

红方保留在进攻区域的子力，正着。如先走马二退四交换，则炮6进5，马七进六，炮6退2，马六进五，车3平6，车八平四，车6进1，马五退四，红方进攻子力不足，黑方谋和的机会很大。

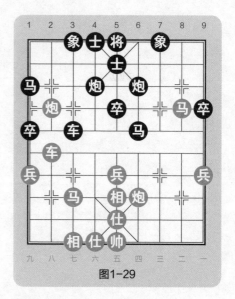

图1-29

① …… 将5平6

② 炮四进五

红方进炮交换也是必要之举，如改走炮四平二，则炮4退1，马三退四，红方在进攻区域没有子力活动的空间，黑方同样可以谋和。

② …… 士5进6 ③ 车八平四

红方平车顶马好棋，有马七进六的后续手段。

③ …… 马6退5 ④ 马七进六 车3平7

⑤ 马三退二 车7退2

红方运车、跃马不断在攻击区域向黑方施加压力，黑方虽然全力防守，但是子力防守位置相互限制，难以发挥最佳作用，已露败势。

⑥ 马六进五 车7平8 ⑦ 车四平三

红方再次使用引离战术，把黑车从防守要道调开，然后车马双线攻击。

⑦ …… 象7进9 ⑧ 车三平七

黑方失象以后门户大开，红方胜定。

强调攻击区域和反攻击区域，除了能给进攻或防守子力调运提供方向性指导外，还有一个作用就是方便调整和处理"第二波"的进攻和防御。这是在之前介绍进攻和防守区域时，我们没有着重强调的。当一方子力控制或占据攻击区域时，他所进行的攻击往往是连续的、

不间断的，甚至有可能把参与第
一波防御的子力作为目标，破除
防御后，再进行第二波打击。

如图1-30，红方先行。

①马四进二

红方进马叫杀，伏有兵五平
四，马6退8，马二进四，炮8
平6，马六进七，将5平4，炮
五平六的杀棋。

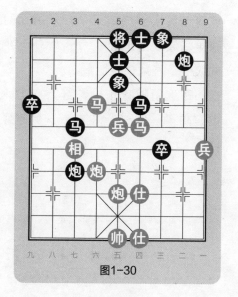

图1-30

| ①…… | 炮8平6 |
| ②兵五平四 | 马6退8 |

③马二退三

红方退马吃卒免除后患，稳健。

| ③…… | 炮3平2 | ④马三进五 | 炮2退1 |

⑤兵一进一

红方诱使黑方马8进9吃兵，则马六进七，炮6平3，马五进四，
将5平4，炮五平六杀。

| ⑤…… | 马3进5 | ⑥炮六平五 |

红方平炮打马好棋，以后可以更好地发挥中炮的威力，强化进攻
区域的力量。

| ⑥…… | 马5进7 | ⑦后炮平六 | 炮2退4 |

黑方退炮防止红方马五进六，将5平4，后马退八的一系列攻击
手段。

⑧马五进四

红方进马挂角牵制黑炮，胜势已成。

| ⑧…… | 马7退5 | ⑨马六进七 | 将5平4 |

⑩炮六进二（红方胜定）

现在我们来分析一下本例。在第五回合红方兵一进一以后，第一

波攻击其实已经结束了，从第六回合起红方开始组织第二波的攻击。在第二波攻击过程中，子力调运到位后，从第八回合起红方进行最后的攻击，直至锁定胜局。

在这两波攻击中，红方充分地把子力运到攻击区域内，反复对黑方防御阵线进行冲击，这种连续调动的攻击正是进攻区域价值的体现。

第4节　子力调整区域

一盘棋的最终目的是将死对方的老将，但包括强大的车在内，任何子力都无法单枪匹马地独立完成杀王，必须有其他子力的帮助和配合。这意味着参加行动的棋子需要发挥各自的优势，有效地协同作战。

此时，我们再来审视一下各子力的原始位置关系。

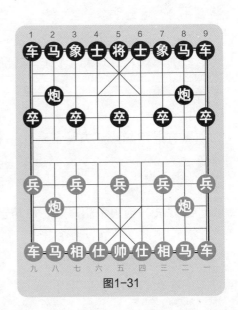

图1-31

如图1-31所示，双方棋子是隔河相互对峙的关系，在两军之间有一片相对空旷的"中立地带"。在各子力的原始位置中，除了炮对对方的马在吃子规则上构成威胁以外，双方的其他子力都无法直接到达对方的阵地当中。

再来看双方的大子位置，同样是除了炮可以一步就到达中立地带以外，车和马都无法直接走过去。如果车和马想冲上前线，都需要移动自己的位置或移开挡在前方的其他棋子。也就是说，由于自己棋子之间的相互限制，车、马等主力大子的行动自由受到了一定的影响。

通过这样的分析我们不难看出，己方棋子之间的相互接触，主要会产生三种作用：

（1）支持作用。例如：红方肋道车借助帅力的支持作用，可以攻击将侧底士。

（2）保护作用。例如：红方在原点位的一路车和九路车分别保护着二路马和八路马。

（3）限制作用。例如：红方在原点位的三路相限制了二路马直接跳向四路线。

前两种作用尽管不是绝对有必要，但效果是积极的。而最后一种不但不能使子力之间相互帮助，反而会产生一定的相互妨碍。

在这里给大家引入子力调整区域的概念，就是帮助我们在布局的过程中加强这方面的意识，注意思考如何尽快解除己方子力之间的限制关系。

如图1-32，在布局时，红方子力的第一步调整，多数是发生在子力调整区域内的，第二步棋或第三步棋才有可能脱离本方的子力调整区域而进入到对方的子力调整区域。最大限度地利用好子力调整区域，即可在调运本方子力时，尽可能地限制、控制对方的子力，以达到争先的战略目的。同时，防止对方子力占据己方子力调整区域的最好办法就是

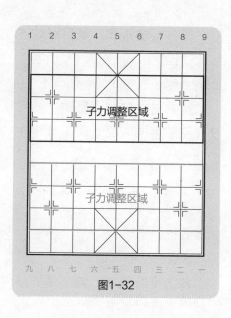

图1-32

尽快出动大子，尽可能地保持左右子力的均衡开展，保持子力调运的数量，把子力在原始位置时会产生的限制作用降到最低。

例局1

①兵三进一

红方进兵本身起到限制对方子力调整区域的占位，同时为二路马续走马二进三、马三进四等点位解除限制。

①⋯⋯　　　炮8平7

黑方的目的是控制对方右马的出动，以削弱红方的先手。

②相三进五

红方飞相的作用有两个，一是对三路兵提供支持和保护，另一方面可以使左右两个炮构成较利于防守的担子炮关系，稳健。

②⋯⋯　　　马8进9

黑方进边马为7路卒提供支持，同时解除了开出9路车的位置限制。

③马二进三

由于有八路炮的支持，红方可以安心跳出右正马。

③⋯⋯　　　车9平8

黑方出左直车，是带有攻击性质的控制。

④车一平二

红方出车掩护二路炮，也可选择马三进四右马盘河继续增加控制力。

④⋯⋯　　　车8进4

黑方高车巡河，为其他子力的部署提供支持。

⑤炮二平一

黑方平炮亮车，减弱黑方子

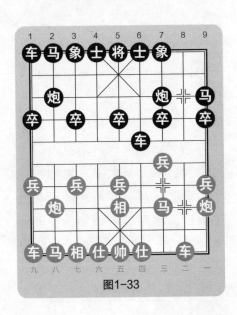

图1-33

力调整区域的控制力。

⑤······   车8平6（图1-33）

双方大体均势。

通过以上分析我们不难看出，一盘棋的战斗实质上在红方走出第一步棋时就已经开始。在开局阶段，随着子力的陆续出动，棋子向对方子力调整区域运动时，也同样会形成三种类型的作用。其一是限制，尽力通过占领、控制、压缩等方式去限制对方棋子的展开；其二是威胁，下一步甚至后两步可以对对方子力调整区域进行潜在攻击的威胁；其三是进攻，特别是车、炮类在远程即可对对方形成直接的攻击。

对子力调整区域的分析，有助于我们理解和运用好开局原理，特别是在一些非主流的散手布局中，对我们调运子力，巩固阵形有着极大的帮助。

例局2

①炮二平四

红方首着平炮仕角，可根据形势的需要演变成反宫马、单提马及五四炮等阵势。从区域功能上看，可以在一定程度上解除对一路边车的限制。

①······   卒7进1

黑方用进7卒来应对红方的仕角炮，其战术意图是活通己马，并在战略上迫使红方不宜走马二进三，以免其形成先手反宫马的优势格局。

②马二进三

红方此时多跳边马，以避开黑方7卒的限制。红方选择马二进三后，会被自己的三兵所限制，一时难以开展，并且进马以后三路马没有可以控制的点位，仅在理论上对一路边兵提供保护，这着棋效率不高。

②……　　　　马8进7

同样是进马，黑方7路马的作用就要明显高于红方三路马。

③车一平二　车9平8　　④车二进六

从区域功能分析，红方进车的作用是威胁，这个点位选择是好的，但是从全局来看，红方调整区域的子力尚未得到充分的支持和保护，红车进攻的威胁作用是有限的，不如车二进四巡河，以后兑兵调形，效果更为明显。

④……　　　　马2进3

黑方调动子力的同时，为7路马提供掩护，消除红方的进攻威胁。

⑤相七进五

红方此时飞相的作用同样不明显，虽然保留了兵三进一兑兵活马的机会，但是在本方子力调整区域的控点不多。

⑤……　　　　卒3进1

黑方进3卒好棋，高效地对红方进行限制。

⑥马八进六

红方进马保持车九平七开相位车的机会。

⑥……　　　　象3进5

⑦车二平三　马3进4

（图1-34）

黑方优势。

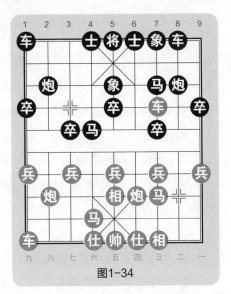

图1-34

本例中，红方行棋效率不高的原因之一就是对本方子力调整区域的控制力不够，造成子力之间的限制没有及时消除，无法对对方的子力调整区域施加压力，导致布局阶段失先。

第二章

了解象棋的五大原理

象棋易学难精，最难之处莫过于改变我们头脑中已经形成的固定思维，这在中老年棋友们身上会体现得格外明显。要想寻求突破，首先要从了解象棋的五大原理开始。在象棋原理的帮助下，我们可以在头脑中建立起正确的概念，从而更好地在实践中思考和总结。

第1节　对等原理

一盘棋在初始阶段，双方子力兵种相同，子力价值相等。对弈开始以后，双方轮流走棋，除红方有自然先手以外，双方是完全公平的。理论上讲，如果双方都能走出正确的着法，那么这盘棋将以和棋告终。当然，这种理想状态在现实对弈中很难出现，甚至是不太可能出现的。

双方每步棋都正确的情况虽不常有，但实际对弈中的和棋却并不罕见，这其中最重要的原因便是，双方行棋的效率是对等的。即正着和正着对等，误着与误着对等。双方错进错出，均没有因为自己的错误而遭到对方的惩罚。但凡有一方走出错着，另一方抓住机会加以把握，那么走出错着的一方往往在劫难逃！这也是棋理上讲"一盘棋最后一个失误往往直接致命"的原因所在。

对等原理在象棋对局中，应用得非常广泛，小到局部的棋形，大到棋理应用，贯穿于整个对局的始终。

例局1

如图 2-1，红方先行。当前局面下，红方如果选择兵三进一，黑方必然会选择卒 3 进 1。同理，红方若兵七进一，黑方也会选择卒 7

进1。双方各挺进一步马前兵（卒）达到活通己方马、控制对方马路的目的，这是最常见的对等原理的应用。

　　在中局抢攻的过程中，一方选择积极的主动弃子战术来谋取攻势甚至是确立胜势，同样是对等原理的应用，即以"子"换"势"。

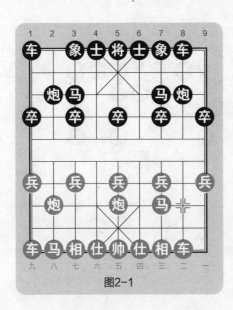

图2-1

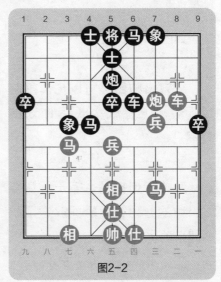

图2-2

　　如图2-2，红方先行。双方子力相互纠缠，红方如何打破僵局？

①兵五进一

红方弃兵突破，好棋。

①……　　　　马4退3

黑方退马顽强，如改走卒5进1，则炮三平九，红方速胜。又如走炮5进2，则炮三平五，红方抽车得子。

②兵三平四　车6退1　　　③兵五进一　车6进2

黑方如炮5平4，则兵四进一，车6平7，车二退一，炮4退1，车二平七，红优。

④兵五进一　马6进5　　　⑤马三进五　车6退1

⑥马七进五

进马给三路炮生根以后，红方多子大优。

在战略决策中，对等原理的应用则体现在局面处理的拿捏尺度上，特别是水平相当的棋手之间对局，抓住对方犯的错误就等于是主动创造出了进攻的机会。

例局 2

如图 2-3，红方先行。

① 帅五平四

红方出帅虽然可以把黑炮赶走，却是一着缺少长远计划的"恶手"。

① ……　　　炮 6 平 3

黑方平炮打马，等于承认红方出帅的合理性，瞬间葬送了积累起来的优势。

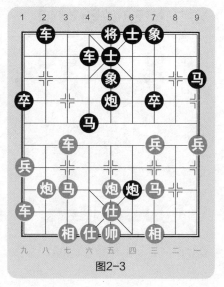

图2-3

② 车七退二　马 9 进 8

③ 车九平六

红方平车牵制，迅速抓住战机。

③ ……　　　车 4 退 1

黑方退车正着，如改走车 2 进 1，则炮五进三，黑方失去了车 2 进 6 反击的手段。

④ 炮五进三　车 2 进 6　　　⑤ 兵一进一　马 8 进 7

⑥ 车六进三

红方进车以后有车六平四的手段。至此，红方已经优势明显。

本例中红方帅五平四捉炮，忽略了黑方退炮后河口马可以带将捉马的手段。因此，黑方应当利用红方帅位不安的弱点进行打击，而不是被动地与红方交换。黑方此时正确的选择应该是：

① ……　　　炮 6 退 5

如图2-4，黑方退炮是最严厉的下法，利用红方帅位不安的弱点，实施惩罚。

②炮八平九　马4进6

③帅四平五

此时红方基本等于没有走棋，而黑马已经在叫吃红马，并且又轮到黑方走棋，可见帅五平四这手棋失先之严重。

③……　　　　马6进7

④车七进二　炮5进1

⑤车七平五　车2进4

黑方高车保炮的同时困住红车，黑方优势进一步扩大。

⑥炮九进四　炮6进6

黑方通过打车的威胁，先手把炮转移到红方右翼下二路线，使红方顾此失彼。

⑦车九退一　炮6平9（黑方胜势）

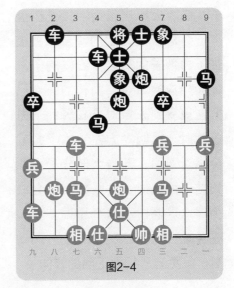

图2-4

第2节　跷跷板原理

象棋棋盘从纵向划分可以把七、八、九（7、8、9）路称为左翼，四、五、六（4、5、6）路称为中路，一、二、三（1、2、3）路称为右翼。所有的棋子以五（5）路中线为轴对称排列。这样以五（5）路线为支撑点，棋盘两翼的子力分布是像跷跷板一样平衡的。如果把支撑点扩大为中路，那么两翼就是跷跷板两侧的重心，如图2-5。

跷跷板原理是指：由于棋盘上子力总量是固定的，当左翼增加子力部署的时候，右翼的子力就会相应地减少；同样的，当己方左翼受到来自对方右翼的子力压制时，说明对方左翼的子力就会相对薄弱；而当大部分子力都集结于两翼时，中路就一定会成为弱点。明白了这个原理，我们在进攻、防御、反击的子力调动时，就更容易找到正确的方向。

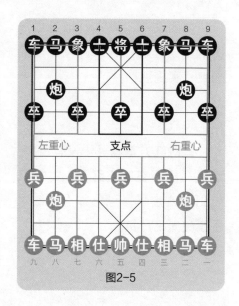

图2-5

【应用示例1】

如图2-6，红方先行。黑方子力偏于红方右翼，从阵形来看黑方的"跷跷板"已经失去平衡。此时红方可以选择黑方的右翼作为主攻方向，形成各攻一翼的对攻态势（如图2-7）。

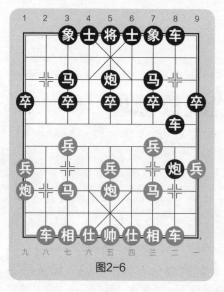

图2-6

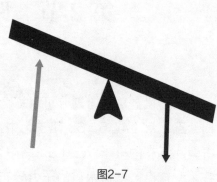

图2-7

①车八进六

黑方联车左翼，意欲平炮压马，借兑车之机用炮轰底相取势。红方此时左车过河，抓住机会攻黑方的右马，选择与黑方各攻一翼，局势顿时紧张起来。

①……　　　　　炮8平7　　　②车八平七

红方攻势已是箭在弦上，不得不发，如示弱而走车二平一，则炮5平6，黑方满意。

②……　　　　　前车进5　　　③马三退二　车8进9

④车七进一　车8平7　　　　　⑤车七进二　炮7进1

⑥马七进六　卒7进1

双方对攻激烈，红方稍好。

【应用示例2】

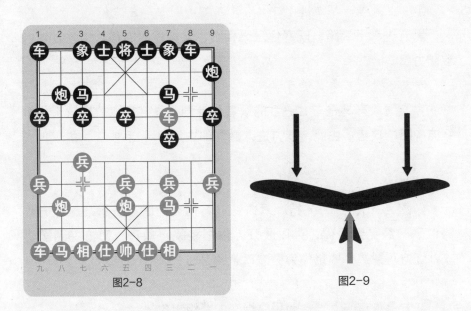

图2-8　　　　　　　　　　图2-9

如图2-8，红方先行。双方以中炮过河车对屏风马布局，当前双方子力基本处于平衡状态。红方接下来准备选择兵五进一，然后马三进五跳盘头马攻击黑方中路，从而在中路形成攻击力量强点，使"蹩跷板"从中间发生了变化。对于黑方来讲，红方中路子力集中，那么两翼子力必然减少，由此黑方可以选择在左翼或右翼进行反击（图2-9）。

① 兵五进一

此时红方左翼未动，即在中路突然发起攻击，是一种较为激进的着法。

①…… 士4进5 ② 兵五进一 炮9平7

黑方打车是正确的选择，如走卒5进1与红方争夺中路，红方可以走马三进五，以下卒5进1，炮五进二，马7进5，炮八进四，黑方中马受攻，红方大优。

③ 车三平四 卒7进1

黑方冲渡7卒，从7路线展开反攻，在缓解中路压力的同时与红方进行速度之争。

④ 马三进五 卒7进1 ⑤ 马五进六 车8进8

黑方进车下二路，既塞住三路相眼，又能随时右移，增强右翼的攻防力量。

⑥ 马八进七 象3进5

黑方飞象弃马是车8进8的续着！计划用先弃后取的方法来化解红方中路的攻势。由此，双方进入激烈的中局争斗当中。

【应用示例3】

如图2-10，红方先行。黑方在红方两翼同时展开进攻，红方攻势似乎已经受到阻碍，难以展开。依据跷跷板原理，黑方在两翼进攻，红方可以选择中路作为突破口（图2-11）。

① 炮五退一

红方退炮窝心，准备利用叠炮在中路组织攻势。

①…… 马3进4

黑方如改走将5平6，则车三平四，将6平5，马一退二，红方占优。

②炮九平五

红方叠炮于中路，攻势强大。双方攻守形势发生转变。

②……　　　　车5平6　　　③车三进五　车6退4

④车三退四　车6进2

黑方如改走车8平6，则后炮进六，马4退5，车二进一，前车平9，车三平五，马5进3，车五平一，车9平5，车二进五，马3退4，车一平七，红方可以得回失子，以后利用多兵的优势谋取胜利。

⑤车三平六　将5平6　　　⑥后炮平八　车6进7

⑦帅五进一　炮8退2

黑方如改走车6退1，则帅五退一，车6平2，车六平四，将6平5，帅五平四，车8退3，炮五退一，红方胜定。

⑧车六平二

平车简化局面，好棋。

⑧……　　　　车8平9　　　⑨后车进三　车9平2

⑩前车进四　将6进1　　　⑪炮八平六

红方抢先入局，已呈胜势。

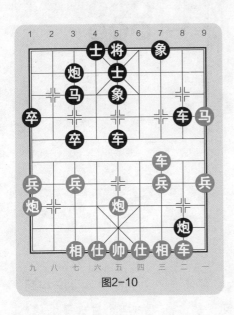

图2-10

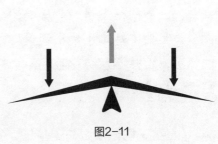

图2-11

第3节　空间原理

　　象棋的空间是指双方战斗的场地，即棋盘。象棋空间对棋局的作用，是通过子力配置的位置及其排列的棋形让子力发挥出战斗力来展现的。相同的子力由于位置不同以及与其他棋子的排列形状不同，在棋局战斗中的作用就会有很大差别，甚至有时会起到截然相反的作用。特别是如果一方子力局促在狭小的空间里，就算拥有再多的子力，也无法发挥出它们应有的作用。

　　如图2-12，红方先行。黑方此时六个大子俱在，但是子力之间缺少腾挪的空间，各子力的作用完全无法得到发挥。红方只需炮七进九即可完成绝杀。在这个棋形中，黑方的车马不仅发挥不了进攻的作用，反而成为自己防守阵型中的缺陷，导致棋局失利。当然，上面的棋型是一个极端的例子，实战中基本不会出现这样的情况，但并不意味着我们不会犯类似的错误。

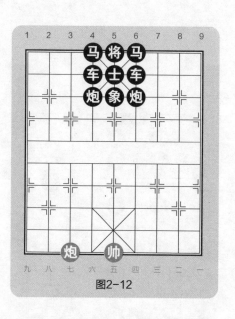

图2-12

　　如图2-13，双方无论是子力的数量还是子力的配置均完全相同，唯一的区别就是红方的子力占有空间优势，而黑方四个进攻子力虽然全部攻入了红方阵地，但空间局促，结构不合理。这一差别，直接左右了棋局的走向。

如红方先行：

①帅五平六　　车7平6

②仕五退四　　炮9平6

③车六进三（红胜）

如黑方先行：

①……　　　　卒6平5

②帅五进一　　车7退1

③帅五退一　　车7平6

④炮五平一

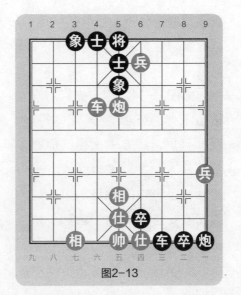

图2-13

红方兑炮解杀，黑方的攻势顿时被化解。

④……　　　　车6进1　　⑤帅五进一　　炮9退6

⑥兵四平五

红方四路兵已无处可逃，果断以兵换士，使黑方的防线也出现了弱点。

⑥……　　　　士4进5　　⑦车六平一（和棋）

本例局是一则简单的杀法排局，目的是直观地让大家感受一下空间位置对子力战斗力所产生的影响。

一般来说，空间大的一方有利于合理配置己方子力，能更加灵活地调动子力。而空间小的一方，子力的能动性往往受到限制。因此，创造出更大的子力空间就能具有空间优势，它是重要的局面因素之一。优秀的棋手，都拥有非常好的子力的空间感，并且具备很强的空间转换能力。

一、空间局促的处理

己方的子力被对方压缩，显然是一件很不舒服的事，也容易产生许多潜在的隐患。因此被挤压的一方就要通过主动运用一些手段来寻求改变。这其中就包括兑子、弃子等技法的使用。

如图2-14，红方先行。双方以五七炮进三兵对屏风马开局。观枰可见，红方多一相，但右车孤军深入，左车被封。黑方子力灵活，且有空间优势，那么红方如何改变空间局促的弱点呢？

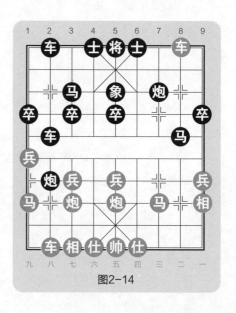

图2-14

① 车八进三

一车换双，通过兑子战术换取空间。

①……　　　　前车进2

② 车二退四　士4进5

补士是黑方的必走之着。如改走后车进4，则车二进二！后车平7，马三进二，红方下一着可马二进一，由于黑方单象，黑炮逃离后，红方车二平五带将捉马，黑方不好处理。

③ 马三进四　前车退2　　　④ 马四进六

红方进马好棋，进一步拓展空间，以后可以马九进八，进一步巩固已经取得的优势。

④……　　　　后车进1　　　⑤ 仕四进五　后车平4

⑥ 马九进八　卒3进1　　　⑦ 炮七平六　车4平2

⑧ 马六进七

红方兑马简明，如改走马六进五，则士5进6，马八进六，卒3进1，车二进二，前车平4，车二平三，车2平8，虽然仍是红优，但取胜之路较为漫长。

⑧……　　　　炮7平3　　　⑨ 马八进六　卒3进1

⑩ 炮五进四（红方胜势）

二、空间优势的运用

在前面一个例局中，红方在空间局促的不利情况下，利用兑子战术为进攻腾挪出空间，最终利用取得的空间优势组织子力取胜。那么当己方已经取得空间优势时，又该怎样将优势加以有效利用呢？

如图2-15，红方先行。双方以仙人指路对卒底炮开局，黑方此时选择了卒9进1。从棋理上讲，黑方应走车2进4，不应给红方压缩空间的机会。红方立刻抓住了黑方的这一失误，在取得空间优势的同时，不断扩大先手。

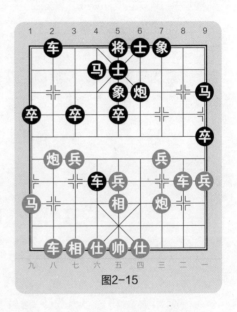

图2-15

①炮八进二

红方果断进炮压缩黑方空间，保持局面上的压制。

①……　　　　将5平4

黑方平将避开红方炮八平五的先手。

②车八进五

红方利用取得的空间优势，继续保持压制，接下来有兵三进一的扩先手段。

②……　　　　卒3进1

黑方针对红方左炮展开反击，否则红方子力位置较高，黑方局面难以发展，这也是空间局促的一方利用子力腾挪换得空间的手段。

③兵七进一　车4退3　　　④炮八进二　马4进2

⑤兵七平六　车4退2　　　⑥车二进五

从战略上讲，红方这着棋很好地保持了对黑方空间的压制；从战术上讲，进车以后红方可以通过先弃后取的手段，巧妙解救左炮。

⑥······　　　车 2 进 1　　　⑦车二平四　马 9 进 7

黑方如贪子走车 4 进 1，则炮三进七，将 4 进 1，马九进八，马 9 进 7，炮三退二，黑方子力位置较差，红方满意。

⑧兵三进一

红方此时也可以走炮三进四，但无论是哪种选择，行棋至此，红方都已取得了优势局面。

空间优势的重要意义在于，它保障了己方子力的行动自由，同时限制了对方子力的机动性。但是我们要清醒地意识到，仅在这一种因素上占得优势是不足以取胜的，只有利用这一有利局势，进行高质量的战术组合打击，才能获得胜利。

第 4 节　活子原理

很多中老年棋友认为，行棋就是你走一步我走一步，不论下在哪里，都无非是一步棋而已，没有什么大不了的。其实这是一种非常错误的认识，每一步棋要走到哪里，以及下一步准备要做什么，都是必须提前进行思考的，并且要在走动的这一着棋上有所体现。

"活子原理"就是解决下一着棋的选点问题，这其中的要点就在于你刚刚走的这着棋一定要有下一步的布置和安排，而不能走入"死地"，没有空间和后续手段的去处是不能作为子力的落脚选择的。

例局 1

如图 2-16，红方先行。

①车九进二

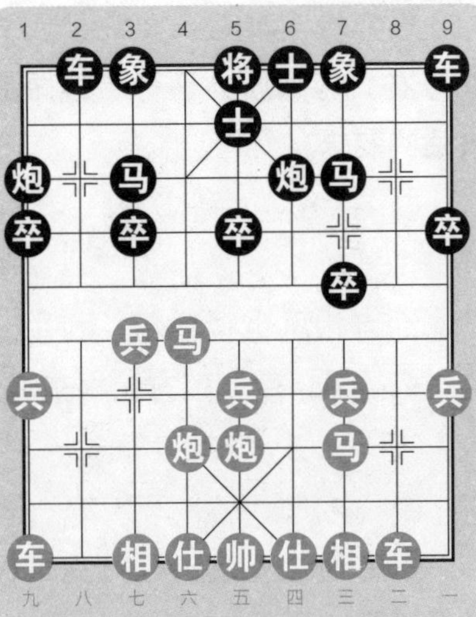

进车是当前局面下比较典型的走法。这着棋符合活子原理。以下黑方如车2进4，则车九平八兑车；如改走象3进5，则马六进七，以后车九平七与之配合；又如象7进5，则车二进六，红方左车待机而动。综上所述车九进二就是棋局的紧要之处，这着棋丰富了红方接下来的进攻手段。

① ……　　　　　车9平8

② 车二进九　马7退8

黑方一时也找不到打开局面的办法，明知亏先仍兑车，也是无奈之举。

③ 车九平七

红方如车九平八，双方再兑车，以后虽然还是红优，但局势平稳，先手不易扩大。红方此时选择平车保持变化，以后可以通过马六进七再兵七进一来攻击黑方3路线。

③ ……　　　　马8进7　　　④ 车七进一

红方进车又是一步占据要点的好棋。这着棋的好处在于，既占据兵林线，不给黑方骚扰的机会，又有兵五进一冲中兵的手段。以后红方可以马六进七再兵五进一或者保留车七平五等手段，左右两翼都可以连通起来，红方运车的空间灵活，线路清晰。

④ ……　　　　象7进5　　　⑤ 兵五进一（红优）

图2-16

例局2

如图2-17，双方以五八炮进三兵对屏风马布阵，现轮到黑方行棋，黑方会如何处理当前局面呢？请看实战。

① ……　　　　　车2进1

黑方进车准备右车左移，对红方右翼施加压力，符合线路要灵活的要求。

②车七平二　卒5进1

③车二平八

红方构思也很精巧，利用一个过门战术，牵制黑方无根车炮。

③……　　　炮9平8

④马二进一　车2平7

黑方通过先攻击红方充当保护子的马，再平车捉被保护的炮，巧妙地摆脱牵制。

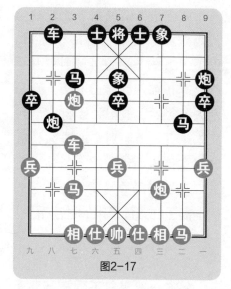

图2-17

⑤炮三退一　炮2平3　　⑥车八平六　车7进2

⑦马七进八　马8进9　　⑧相七进五　卒9进1

黑方进卒稍缓，错过了扩先的机会。宜走车7平6，这是棋局的紧要之处。这样红炮就不能再走炮三平七转移了，如仍走炮三平七，则马9进7，仕六进五，马7退5夺取中兵后，黑方优势进一步扩大。

⑨炮三平七　车7平6

⑩仕六进五

至此红方补仕以后，双方大体均势。

例局3

如图2-18，红方先行。双方以顺炮直车对双横车布阵。观枰可见，当前局面下，黑方4路车对红方阵形影响很大。如黑方先走，可选择车4平3，则车九进

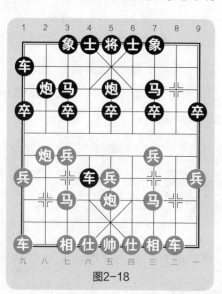

图2-18

二，车1平6，马三进四，车6平4！炮五平四，车3退1，这样黑方子力灵活，取得反先之势。红方如能够正确分析局面，找到局面的紧要之处，则可以在以下两种方案中选其一。

方案一：找到紧处，料敌于先。

① 车九进二　车4平3　　②炮五平四　车1平6

③ 马三进四　车6平4　　④相三进五（红方易走）

方案二：控制局面，静观其变。

① 车二进五　车4平3　　②车九进二　车1平4

③ 炮五平四　车3退1　　④相七进五　车3退1

⑤ 车二进一

以后有炮四进五的先手，红方主动。

但是实战中红方却走了马三进四，看似接下来有马四进六的手段，但这是建立在误判基础上得出的错误结论，既没有考虑局面的紧要之处，又没有考虑到马三进四以后红马的前进路线问题。

① 马三进四　车4平3　　②马七退五

又是一步坏棋，红方此时还是应走车九进二，则车1平4，车二进五，车4进6，马四进六，车3退1，虽然仍是黑方易走，但是红方以后有马六进八的棋，双方仍是对抗之势。

②……　　　　车3退1　　③马四进六　车1平4

④ 马六进七

红方吃马后虽得一子，但是马路不通畅，自己把马走到了"死地"，并且下一着黑方炮5进4后，窝心马被困死，黑方大优。

④……　　　　炮5进4　　⑤车二进三　车4进5

⑥ 相七进九　车3平2（黑方大优）

行棋要走有道理的棋，不能盲目地依靠所谓的棋感行棋，特别是初、中级水平的爱好者，无论是"棋感"或者"眼光着"，其准确率更是靠不住的。大家一定要记住，棋盘上的棋子一定是越活越好，不可把自己的棋子走到"死路"里去。

即将被将死的特征之一就是没有合理的着法可走，被将死的棋形通常都是呆板的，子力已经失去了选择的余地。

如图 2-19，黑方虽然子力数量比红方多，但是处于被困毙的状态，显然这样的棋形是毫无机动性的。当然这是一个很极端的例子，实战中一方对棋局的控制显然不是这样仿佛"与生俱来"直接摆在枰上的。我们在学习杀法的时候，要经常练习如何通过运用子力的机动性来控制局面。

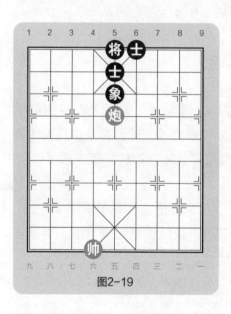

图2-19

图2-20

如图 2-20，红方先行。

①炮三进六　马7进5

黑方如改走马7进6，则炮三进三，闷杀。

②炮三平五（红胜）

这则杀局只有两个回合，看似很简单，但却运用到了一个重要的技巧——保持炮的机动性的同时，对黑方子力进行限制和控制。

这里初学者往往容易犯的错误，就是第一着棋走炮三进七（图2-21）。

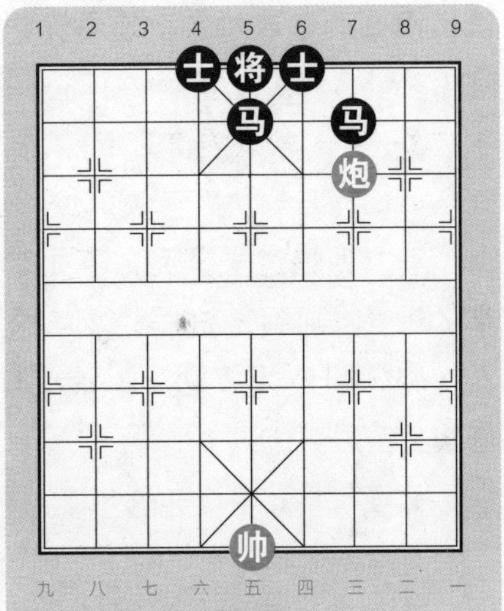

红方误以为黑马会走马7退9，红方再炮三进二即可形成闷杀。实际上这是误算，棋力稍强一些的朋友就会很清楚地看出来黑方会走马7进5，这样红方如依然选择炮三进二叫将，不仅不能成杀，反而会被黑方后马退7把炮吃掉，黑方胜定。

图2-21

实际上，红方炮三进七后会发现，黑方马7进5后，红方对黑方后马失去控制，没有炮三平五的棋了，只能眼睁睁地看着黑方后马进7或后马进3跃出。一旦黑方双马俱活，红方输棋就只是时间问题了。

那我们现在知道了，保持子力灵活性对于控制盘面和解决盘面受控至关重要，那是不是选择余地越大越好呢？

当然也不是，如果一方的着法虽然有行棋空间，但大多选择是漫无目的的，那这种看似合理的但不能产生作用的着法，依然是缺乏机动性的。能够在限制对方的同时起到控制盘面的作用，同时满足这两点要求，子力的机动性才是有价值的。

下面我们通过一则实战例局，来具体阐述。

如图2-22，红方先行。这是全国象棋甲级联赛中，洪智特级大师对尚威大师的一盘实战对局。

① 炮八进六

红方进左炮捉车，意在利用双炮压制黑方阵形的展开。

① ……　　　　士4进5　　　② 炮八平七

红方平炮兑车，既可控制黑方左车的活动，又在黑方的右翼创造出潜在的进攻机会，是争先的好棋。

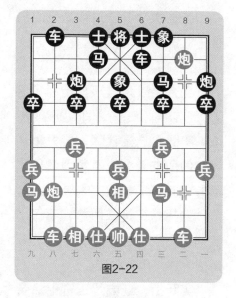

图2-22

②……　　　车2进9

③马九退八　炮9退2

黑方退炮过于迂回，不如走卒7进1，则兵三进一，象5进7，马八进七，马7进6，黑方阵形较为舒展。

④马八进七　炮9平8

⑤炮二平三

红方逼兑黑炮，压制黑方子力的机动性，有利于局面的控制。

⑤……　　　车6平7

黑方如改走炮8平9，则炮三退二，红优。

⑥车二进九　车7平6　　　⑦车二退八

红方右车准备左移，打击黑方防守力量薄弱的右翼。

⑦……　　　车6进3

黑方进车巡河不如改走车6进6捉马，以下马三进二，卒5进1，车二平八，马4进5，黑方较实战更为顽强。

⑧车二平八　卒3进1　　　⑨车八进八　士5退4

⑩车八退二　炮3进1　　　⑪车八平六

红方平车捉马好棋，直击黑方弱点。

⑪……　　　卒3进1　　　⑫车六进一　卒3进1

⑬马七退五　炮3平2　　　⑭炮七平九

红方平炮准备发动底线攻势。

⑭……　　　炮2退3　　　⑮炮九退一　象5进3

⑯炮九进二

红方利用顿挫战术把黑方防守阵形打乱。

⑯……　　　士6进5　　　⑰车六退四

红方退车好棋，准备掩护三路马跃出。

⑰ ……　　　　象 7 进 5　　　　⑱ 马三进四　卒 7 进 1

⑲ 兵三进一　车 6 平 7　　　　⑳ 马五退三

红方窝心马跳出，为加强进攻的整体力量做准备。

⑳ ……　　　　车 7 平 6　　　　㉑ 马三进二　象 3 退 1

㉒ 马四进六　象 1 退 3　　　　㉓ 马二进三　卒 3 进 1

黑方如车 6 平 7，则马六进四，车 7 平 6，车六平七，炮 2 进 4，车七退一，将 5 平 6，车七进四，红方胜势。

㉔ 马三进二　车 6 退 3　　　　㉕ 车六平八　车 6 平 8

㉖ 马二退三　车 8 进 3　　　　㉗ 马六进四

红方再得一炮，黑方认负。

通过此例局我们可以看到，红方在取胜的过程中在保持自己子力机动性的同时，尽力限制黑方子力的开展，起到了有效控制局面的作用。

第 5 节　补偿原理

象棋中的补偿原理通俗的解释是：局面亏了我认，对手获利了我也认，但是我会尽可能地减少我的损失，在子力价值上或子力位置上得到相应的补偿。

补偿原理在象棋中应用得最为广泛，宽泛地讲，象棋中的一切战术都是以补偿原理作为衡量标准的。比如说在弃子战术中，弃子取势、弃子攻杀、弃子争先、弃子解危，都是通过战术成果的实现（补偿）来权衡弃子是否成立的；在兑子战术中，通过兑子解围、兑子争先等结果（补偿）来衡量兑子战术的效果。即使在面临失子时，也可本着"雁过拔毛"的思想，临死时咬上一口，吃掉对方的一个子力；或者是子力在"就义"前从好的位置跳到一个相对差的位置上让对方吃掉。

例局1

如图2-23，红方先行。

①车六进一

红方弃车杀士，从子力价值上计算红方肯定是亏了，那么红方相应地就要在后续局面获得补偿。这个补偿就是红方以一车为代价，换得黑方九宫防守的弱点，形成车马炮联攻的机会。

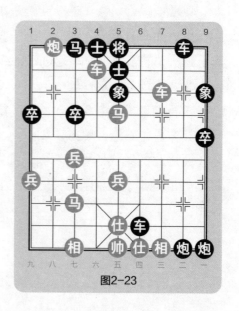

图2-23

①……	士5退4
②车三平五	将5平6
③马五进三	将6进1
④马三进二	

至此红方弃车的代价已经补偿回来了，并且以此获利，赚得黑方一士。

④……　　象9退7

黑方如改走将6退1，则车五平三，车6退6，相七进五，也是红胜。

⑤车五平三　车6平8　　　⑥车三进一　将6进1

⑦马七进六

红方弃右马跃左马助攻是一着设计非常精妙的好棋，通过弃右马换取六路马在攻击速度上的补偿。

⑦……　　车8退8

黑方如改走炮9平7，则车三退八，车8退8，马六进七，黑方残士象，红方多兵，黑方虽能支撑一阵，但也难挽败局。

⑧车三退一　将6退1　　　⑨马六进五　将6平5

⑩相七进五　车8进7　　　⑪车三进一　将5进1

⑫马五进七　士4进5　　　⑬车三平五　将5平4

⑭车五平七（红方胜定）

这是关于主动弃子方面的棋例，其实很多时候双方在计算时，都会有意或无意地运用补偿原理去衡量局面的得失，进而作为行棋思路的指引。

例局2

如图2-24，红方先行。

①车七平三　炮2平3

红方捉死黑马，黑方必然要寻找补偿。

②马七进九　马3进1

红方想白吃黑马，黑方跳边马计划接下来红方车三退一，则马1进3，帅五平四，炮3进1，通过损失一马换取攻势的补偿。

③炮八退七

现在红方也不逃边马，退炮限制黑马，形成一个互捉的局面，

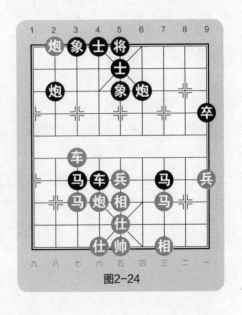

图2-24

这也是红方补偿原理的应用。红方不给黑方抢攻的机会，希望限制黑方的边马，同时安全地吃掉黑方的弃马。

③……　　　马7进5

黑马既然逃不掉，最后一点补偿的机会就是吃掉红相。

④相三进五　车4平1　　　⑤炮六平九　车1进1

⑥炮八平六

双方大体均势。

例局 3

如图 2-25，黑方先行。在布局阶段，红方双马虽然得以跃出，但其他子力出动缓慢，阵形很不协调。黑方要借此机会补棋并加快子力出动的速度，如何才能更高效地同时完成这两项任务呢？

① ……　　　　　士 6 进 5

黑方支左士只完成了补棋这一项任务，显然红方可以利用这着缓手赢得进攻时间。

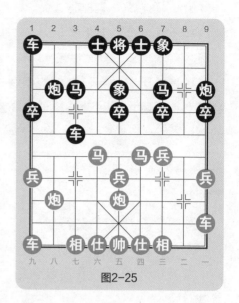

图2-25

② 车九进一　炮 2 进 3

③ 马四进三　炮 9 退 1

黑方边炮对左翼防守起到很关键的作用，显然不能接受交换。

④ 炮五平三

红方准备马三进五再炮三进五打马得象。

④ ……　　　　　车 3 平 4　　　⑤ 马六退七　炮 2 平 3

黑方平炮似先实后，应走炮 2 退 4 形成担子炮为宜。

⑥ 相三进五　炮 3 进 1　　　⑦ 炮八进五（红方占优）

黑方正确的走法应该是：

① ……　　　　　士 4 进 5（图 2-26）

黑方补右士一来可以加厚中路，二来为开肋车腾出空间，接下来可以直接平车攻击红方六路马，一举两得！

② 马四进三　炮 2 进 1

黑方进炮打马好棋，迫使红方换炮，步数损失更多。如直接走车 1 平 4，则马六退八，车 3 平 4，炮五平六！前车进 3，马八退六，车 4 进 7，炮八平九，黑方一车换二，红方下一着相三进五补棋，红方可以满意。

③马三进一　象7进9

④马六退八　车3进2

⑤炮八进四　车3平2

⑥炮八平七　车1平4

（黑优）

本例黑方在实战着法中，显然只在意了"补"，没有尝试更为积极的防御选择，没能走出攻守兼备的棋，造成局面落入下风。

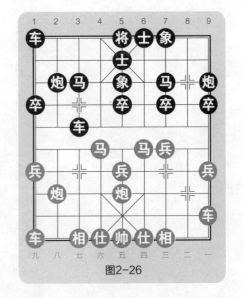

图2-26

高手对弈讲求"锱铢必争"。"争"得不仅是大势，细微之处同样要争上一争，补偿原理的要点也就在于此。

第三章

运用象棋的六个技巧

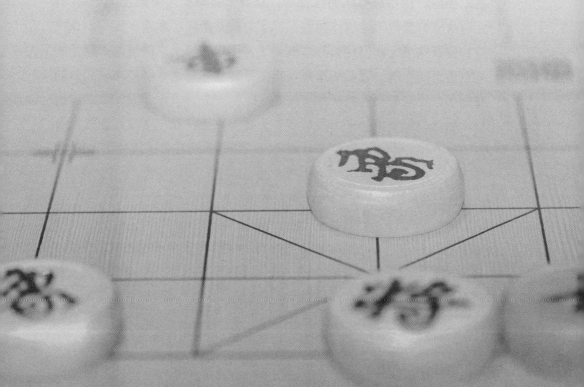

第1节 选择技巧

象棋对弈的过程由始至终都是一个判断与计算相交织的过程，其中又以计算最基础。象棋计算是一个典型的"技术活"，必须要懂得一些技巧以加快计算的效率。首先我们要区分出有作用的棋和作用不大甚至是没有作用的棋，保留有作用的棋作为计算的主要方向。通过精确的筛选，保留相对较优甚至是最优的棋路，然后依据计算原理和要点进行深入的计算，结合局势判断，最终走出来的着法即便算不上"神之一手"，也绝对不会在大方向上犯错。

在我们探究选择技巧之前，先引入一个概念："基本接触"。红黑双方的棋子之间会产生一定的接触和联系，这种接触和联系我们称为基本接触。比如在布局的过程中，双方子力不断向前挺进准备作战，此时仿佛有着看不见的作用线，把子力相互串联了起来。这种相互呼应的位置连线，我们称为基本联络线，不仅在棋子之间有，在棋子和各点位之间也有。我们的选择技巧就是建立在筛选这些基本联络线的基础上，找到最合适的子力和行棋选择。

选择何种关系的子力最好呢？大体上来讲，我们要重点选择具有以下六类作用中的一种或多种的子力，把它作为我们计算的切入点。

一、支持

支持作用主要指某一棋子所具有的保护其他棋子的功能。有些支持作用如生根、子力互联（连环仕、连环马等）较为明了，有些支持则比较深奥，要通过精准计算才能做到。

如图 3-1，红方先行。上一着黑方卒 7 进 1 控制红方三路马，红方如何为三路马提供支持呢？

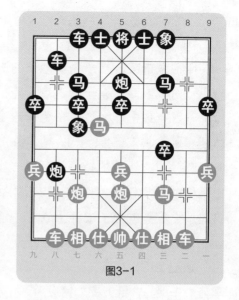

图 3-1

① 车二进六

首先我们可以排除退马的选项，因为马三退五是窝心马，属于棋形弱点，不予考虑，若马三退一，则卒 7 进 1，红方边马受制没有发展前景，属于子力位置不佳，同样不考虑。在红方不适合退马的情况下，此时就可以考虑选择支持性的着法。实战中红方进车卒林线，是对红马最有力的支持。以下黑方有卒 7 进 1 和马 7 进 6 两种走法。

着法 1：卒 7 进 1

①……　　　　卒 7 进 1　　②车二平三　　卒 7 进 1

③车三进一　　卒 7 进 1　　④炮七进四　　马 3 退 1

⑤炮七平一

打卒以后，红方还有炮五进四的先手。至此，红方大优。

着法 2：马 7 进 6

①……　　　　马 7 进 6　　②车二退一　　马 6 退 4

③车二平三　　卒 7 进 1　　④车三退二　　炮 2 平 7

⑤车八进八（红方先手）

由此可见，车二进六对红方三路马形成了非常好的支援。

除了实战中的车二进六以外，红方其实还有另一路支援的方案，走炮七退一，具体的变化读者朋友可以尝试自己拆解一下。

二、掩护

掩护是指某一棋子为其他子的进攻提供辅助作用或者隔断对方低价棋子对本方高价棋子的进攻。掩护的方式主要有两种：第一种是助攻，不具有攻击能力的棋子为有攻击能力的棋力提供进攻帮助，主要体现在帅（将）、仕（士）、相（象）及其他子力的助攻作用；第二种是隔断，对方进攻的棋子是远射程棋子，则在进攻子的进攻线路上垫上其他的低价棋子，掩护被攻击的高价棋子。掩护也许是一着棋，也许是一个完整的兑子或弃子战术。

如图3-2，红方先行。上一着黑方进车捉马，红方要如何应对？

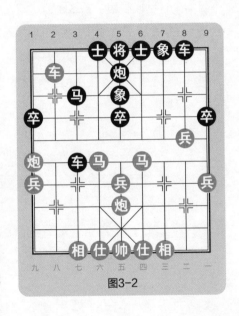

图3-2

在计算过程中，有两个棋路我们要先计算一下，第一路变化是车八平六保马，黑方可以炮5平7把窝心炮调整出来，让红方表态，以下车六平三，车3平4，车三平四保马，红方子力有受制的感觉，先手不易扩大，这路变化先搁置；第二路变化是马六进五，马3进5，马四进五，车8进4，红方失去过河兵子力价值受损，这路变化不考虑。

以上两种应对方法均不够满意，红方尝试平炮攻车。

①炮五平二

平炮攻车是掩护六路马的好棋。以下黑方有车8平9和车3平4两种选择。

着法1：车8平9

①……　　　　车8平9　　　②炮二进二

进炮掩护六路马，红方的子力调动目的得以实现。

②……　　　　车9进2　　③相三进五　车3退1

④车八平六

红方优势。

着法2：车3平4

①……　　　　车3平4

黑方一车换二，在子力价值上虽然没有损失，但是子力位置壅塞，红方仍持先手。

②炮二进七　车4平6　　③炮九平五

红方先手。

回过头来，我们把炮五平二的变化与车八平六的棋路相比较，显然炮五平二是最佳方案。实战中，红方执行的也是炮五平二的变化。

三、限制

关于限制的作用我们在前面已经接触过，这里的含义又稍有不同，需加以强调。这里所说的限制是指棋子走动后限制对方棋子向其他方向活动的范围，并不包含本方子力之间的限制。

限制同样可以以子力组合的形式出现，多子力协同作战，共同限制对方的关键子力。

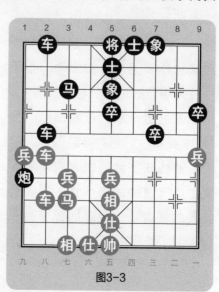

图3-3

如图3-3，红方先行。黑方多一炮，同时2路叠车正在邀兑红车，兑子后将要形成马三个卒对四个兵仕相全的残局。但是本局红方可以利用仕相兵之间的配合，反复限制黑马，控制住黑马的活动，最终成功谋和。

① 前车进一　　车 2 进 4

黑方如改走马 3 进 2，则车八退二！车 2 平 3，兵七进一，炮 1 平 3，车八进二，红方满意。

② 车八进三　马 3 进 2　　③ 马七进九　马 2 进 1

④ 相七进九

飞边相限制黑马是红方谋和的关键。

④ ……　　　　马 1 进 3　　⑤ 仕五进六

红方支仕继续限制黑马的活动空间。

⑤ ……　　　　马 3 进 2　　⑥ 相九退七　卒 5 进 1

⑦ 仕六进五　马 2 退 3　　⑧ 帅五平四　马 3 进 1

⑨ 相七进九

黑马被限制住，无法参与进攻，和棋。

四、威胁

所谓威胁，是指从下一着棋开始，即将形成较为明显的进攻优势。从手段上可以分为"直接威胁"和"战术威胁"。直接威胁相对来说比较简单，如作杀、得子等较为明确的进攻目标，很多初、中级爱好者一眼就可看出来。而"战术威胁"则相对复杂很多，这类威胁往往需要用战术组合来实现，具有很强的隐蔽性，需要有扎实的基本功、良好的计算力和想象力才能创造出来。

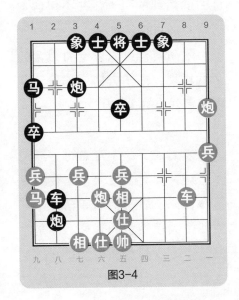

图3-4

如图 3-4，红方先行。黑车

已捉住红马，红方如单纯为降低物质损失而选择相五进七，则车2平1，红方子力分散，攻防都将陷入不利的局面。那么红方正确的应对方法是什么呢？

①车二进四

红方边马位置不佳，无论进攻还是防守都不能发挥作用，于是放弃边马，采用战术威胁，以黑方中路为攻击方向。

①……　　　　　车2平1　　　②炮一平五

红方下一着炮六进五，威胁重炮绝杀。

②……　　　　　车1平2

黑方平车准备退车回防，来化解威胁。

③车二进一

黑方3路炮已无处可逃。

③……　　　　　炮2平3　　　④车二平五　士6进5

⑤车五平七　象7进5　　　⑥车七平六　车2退4

⑦炮五退二　车2平7　　　⑧车六退二（红方多兵大优）

五、进攻

进攻是指处于攻击的一方下一着可以用连续的手段获得占势或得子的利益。简单的进攻可以是由单子完成的，但战术进攻则不是由一个子力来完成的（特殊的杀法除外），进攻是一个整体配合的行动。

如图3-5，红方先行。观枰可见，黑方阵型看似稳固，实则左翼存在弱点，红方敏锐地观察

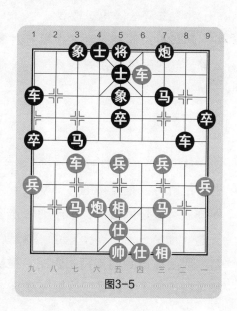

图3-5

到这一弱点，利用运子战术，调动进攻子力，在黑方左翼集结优势兵力，最终取胜。

①车四平三

红方的运子计划很成功，先把黑马赶到河口，切断黑车对巡河线的控制力，为冲中兵突破，制造战机。

①……　　　马7进6　　②兵五进一　马6进7

败着。黑方应该选择卒5进1拼一下，较实战更为顽强。

③兵三进一

红方连弃双兵，紧凑有力，黑方防不胜防。

③……　　　炮7进4

黑方打兵无奈。如车8进2保马，则兵五平六再兵六进一，红方攻势更盛。

④兵五平六　马3退4　　⑤车七平三

红方先平兵攻马，再平车捉马，运子顺序正确。

⑤……　　　车1平3　　⑥马七进六　车3进4

⑦马六进四　马7进5

黑方马踏中相，试图把局面搞混。

⑧相三进五　炮7进3　　⑨前车平四

顺势平车叫杀，红方在黑方左翼子力集结完毕，下一步就要破士入局，红方已胜券在握。

六、接触

从开局后期到中局、残局直至终局，子力间的接触是必不可少的。接触可以是直接的，即双方子力直接相遇，形成对峙关系；接触同样还可以是间接的，即子力并没有实际接触，而是远程控制、作用互达。通俗一点来说，直接接触就是你不吃我、我就吃你的针锋相对，而上面提到的支持、限制、掩护、威胁等都属于间接接触。在涉及接触类的子力计算时，要先算直接接触，再算间接接触。

如图 3-6，红方先行。

①炮一平二

红方平炮是典型的直接接触。在计算的时候要先对炮 8 进 3 吃炮的结果进行判断，即炮 8 进 3，车七平二，马 8 退 7，车二平七，马 4 进 3，炮八进四，车 2 进 3，车八进六，炮 3 进 3，相五进七，红方多兵且牵制黑方车马，红方占优。那么黑方既然考虑到了交换后的不利后果，就要另做打算，计算自己有没有反捉红方的手段。不难发现，黑方可以马 4 进 3 打车。

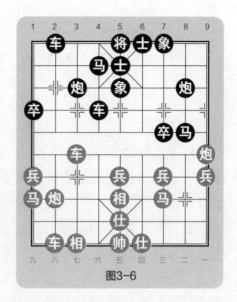

图3-6

① ……　　　马 4 进 3　　　②车七平五　炮 8 进 3

③车五平二　马 3 进 4

黑方马 3 进 4 是对 8 路马很好的支援，红方如车二进一，则马 4 进 3，车八进一，车 2 进 6，车二退一，炮 3 平 2，黑方有先弃后取的手段，黑方主动。

④炮八进五　炮 3 进 2　　　⑤兵九进一（红方稍好）

处理接触战时，命令式着法用得比较多，如果仅从计算角度来分析，命令式着法的计算可以归入深度计算中，要考验棋手的硬功夫。如果初、中级爱好者在计算过程中感觉有难度，不妨选择先易后难的计算思路，也就是利用排除法的计算方式，去把自己能够计算清楚的优劣关系先进行确定，如果判断为可行的，再做深入计算，如果感觉不可行，便可直接从计划中删去，选择下一个思路。而最难的，最不容易计算清楚的棋路，我们放在最后考虑。

第2节　棋形技巧

　　什么是象棋中所说的"形"？最朴素的理解就是若干棋子在棋盘上组合成的各种形状或图案，就称为"形"或"棋形"。要特别说明的是，棋形说得是单一一方的棋子组成的形状。

　　我们常见的担子炮、连环马，都是比较常见的局部棋形。就全盘而言，攻防两端效率好的棋形，我们称之为"好形"，反之，我们称之为"坏形"或"恶形"。被对方攻击且无解杀办法的棋形，我们称之为"死形"。子力拥塞缺少腾挪空间的棋形，我们称之为"愚形"。防守阵形完整且子力之间联系紧密，我们可以称之为"厚形"或者"厚势"，反之，我们称之为"薄形"或"空形"。

　　那么我们在学习象棋的时候，为什么要学习棋形呢？最重要的原因就是棋形直接体现了棋子的整体效率。不好的棋形，其进攻和防守能力都很低，对局时棋子效率发挥不高的一方必然在形势上是落后的。那些学棋多年，但棋艺长进不大的人，多是由于不注意自己棋形的规划，棋着效率不够高，当然也就无法在与高手的对局中占到先机。

　　以象棋中比较常见的愚形"窝心马"为例，尽管我们都知道窝心马是一种低效棋形，由于子力缺少腾挪空间，会成为对方进攻的目标。但是实战中仍有不少人在无意间走出了窝心马，或者带有侥幸心理，认为自己可以处理好，不至于被对方利用。而正是这种违背棋形规律的选择，妨碍了棋手棋艺水平的提高。

　　下面我们通过几则棋例，来对这样的"愚形"进行分析。

例局 1

如图 3-7，红方先行。观枰可见，黑方上一着炮 4 进 6 压住红方窝心马，伏有马 3 进 5，相三进五，炮 3 进 7 得子的手段，红方要如何处理呢？

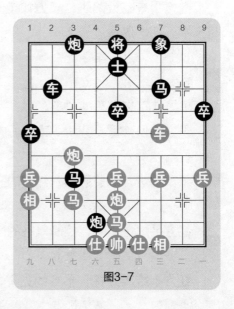

图3-7

实战着法：

①炮五平三

红方平炮坏棋，显然没有考虑到窝心马这个愚形的效率问题。

①……　　　　　马 3 进 1

②车三平七

红方应炮三平九，炮 3 进 7，马五进六！把窝心马先跳出来，解决愚形。以下炮 4 平 1，炮九进三，炮 3 进 2，帅五进一，再利用兑子战术，延缓黑方的攻势，红方仍持先手。

②……　　　　象 7 进 5　　③车七进一　炮 4 平 3

黑方再次利用红方窝心马的愚形走出巧手。

④炮三平九　炮 3 进 5

兑子以后，黑方伏有前炮进 1，马五退七，炮 3 进 4 叫将抽车的棋。

⑤相三进五

红方失去调整窝心马的时机。此时如马五进三，则后炮平 5 抽车。红方明知飞相会形成子力拥塞的愚形，也没有其他办法。

⑤……　　　后炮进 1　　⑥炮九进三　马 7 进 6

⑦车七平五

红方只能对攻，如车七退二，则车 2 平 4，马五进三，马 6 进 4，黑方易走。

⑦……　　　马6进4　　⑧车五平二

红方平车暗设陷阱，黑方如走马4进5，则车二进三，士5退6，炮九平五抽吃黑马。

⑧……　　　车2进2　　⑨炮九进一　车2平4

⑩相五退七　　将5平4

黑方接下来有马4进5的杀棋手段，红方认负。

现在我们来重新分析一下红方在图3-7形势下，应该如何选择。

①车三平六

平车捉炮，调整愚形是红方的正确选择。

①……　　　炮4平2　　②炮五平三

红方平炮是正着，控制黑马的同时为马五进六调形做准备。

②……　　　车2平6　　③马五进六

红方不给黑方将5平6的先手，同时限制黑马，攻守兼备。

③……　　　象7进5　　④车六平八　炮2平7

⑤炮三平六（红优）

例局2

如图3-8，红方先行。此时七路炮孤军深入，处境不佳，是红方必须要解决的问题。那么如何解救才是正确的方法呢？

实战着法：

①车五平四　车2退1

黑方退车捉炮，佳着。

②车四进二

红方进车受牵无奈，如炮七平四，则卒7进1，黑方优势。

②……　　　卒7进1

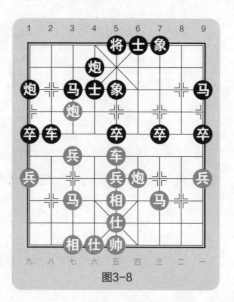

图3-8

③炮四进二　卒7进1　　④马三退二　炮1进1

黑方进炮以后成功实施了牵制战术。

⑤车四平五　士6进5

正着。黑方如炮1平3，则兵七进一，炮3平4，黑方占不到便宜。

⑥兵七进一　象5进3　　⑦炮四平七　炮1平3

此时吃炮恰到好处，黑方大优。

⑧相七进九　马3退1

黑方退马给车生根是摆脱牵制的佳着。

⑨炮七平一　炮3退3　　⑩车五退一

红方不能兑车，否则黑方多子优势更大，红方败势。此时只好退车吃卒，尽量消灭黑方的物质力量。

⑩……　　　马9进7　　⑪车五平九　马7进9

⑫车九进三　马9进8

黑马疾进，红方的防守已经非常艰难了。

⑬马二进一　炮4退1

黑方守住底线弱点的同时控制红方左马的出路，佳着。

⑭车九平七　象7进5　　⑮相九退七　车2进4

红方失子，投子认负。

现在我们从棋形上分析一下这个例局。红方弱炮绝对不是一个好形，它失去了和其他棋子的联系和策应，属于典型的"孤子"，无疑会成为黑方的打击目标。

①车五平二

红方平车是一步很讲究棋形的好棋。

①……　　　车2退1　　②兵七进一

红方弃兵为马七进八生根做准备。

②……　　　象5进3　　③马七进八　炮1平2

④炮四进三　车2进1　　⑤马八退七（红方可战）

在实战中，我们不仅要注重自身棋形的效率，同时还要学会抓对方棋形的弱点，针对对方的愚形进行打击。

例局 3

如图 3-9，红方先行。黑方窝心车是明显的愚形，一旦摆脱不及，势必影响将位的安全。而红方要想获得胜利，必须利用黑方的这一弱点，通过控制黑车的活动，双炮兵联攻，获得胜利。

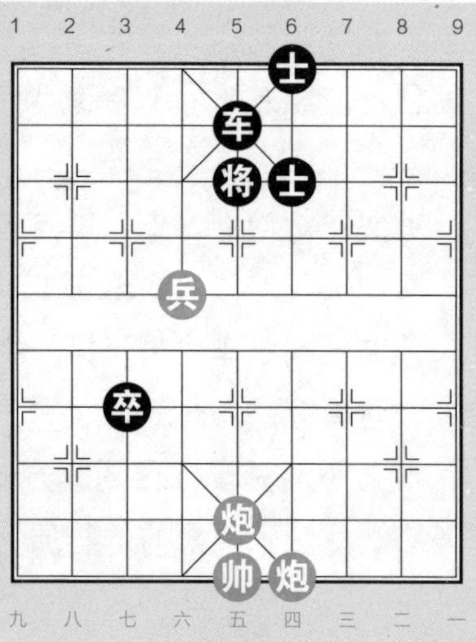

图3-9

① 兵六进一

红方利用黑方窝心车影响将位转移的愚形，快速冲兵迫使黑车离位。

① ……　　　　车 5 平 1

黑方如改走车 5 退 1，则帅五平六，士 6 退 5，兵六平五，将 5 平 6，炮五平四，绝杀。

② 帅五平六

红方出帅准备炮四平五，作杀。

② ……　　　　车 1 进 8

黑方只好献车解杀。如将 5 退 1，则兵六平五，绝杀。

③ 炮四平九　卒 3 平 4　　　④ 炮九进五　将 5 退 1

⑤ 兵六进一　将 5 平 6　　　⑥ 兵六平五

红方连续运兵制约黑将。

⑥ ……　　　　卒 4 平 5　　　⑦ 炮九平四　士 6 退 5

⑧ 炮四退三　卒 5 进 1　　　⑨ 炮五平四（绝杀）

以上三个例局充分说明了，如果棋手不明白形之好坏，那么在行棋的过程中就无法评判出自己所走的着法的效率，其结果必然会影响棋艺的整体水平。甚至可以说，掌握布置高效棋形的技巧，是提高棋艺的一大捷径。

第3节 逃离技巧

进攻与防守是棋局中永恒的主题，一方进攻，另一方必然会做出回应，要么以攻对攻，要么顽强防守。前面的技巧我们更多侧重讲解的是进攻，我们在这一节将侧重讲解防守方面的技巧。

现在象棋理论把防守分为局面防守和战略防守两部分，我们就先从局面防守的最基本要素"逃子"开始讲起。

"逃子"是指一方将正在被捉的子力逃离开，以避免失子的方法。捉子与逃子在象棋对弈过程中再常见不过了，但逃子也有学问在里边，不同的逃离方式，可以直接影响到棋局的走向。

例局1

如图3-10，红方先行。红方虽然双车压制，但是七路线上阵形仍有缺陷。此时，红方正确的选择是先走车七退二，以后黑方炮1平3时有车七平二的转移落点。但实战中，红方形势判断失误，直接导致失子失势。

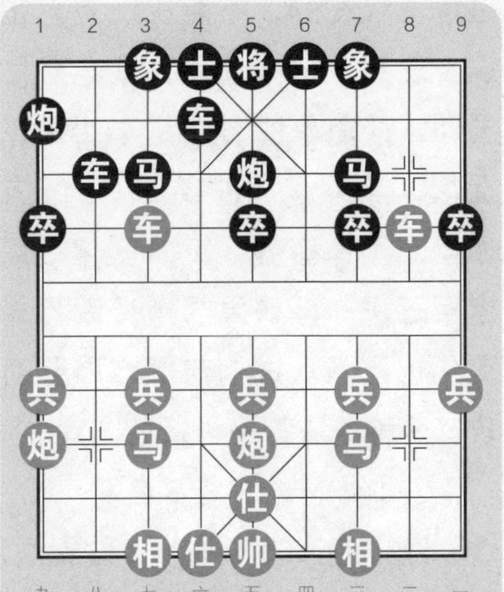

①车二平三　炮1平3

②车七平九　车2进4

黑方宜改走车2进6，以后有炮3进5的先手，攻势更猛。

③车九进三

逃子要干净，不能给对方连续抢先的机会，红方应改走车九退

图3-10

二，则车2平3，仕五进六，红方局势尚可。

③……　　　　　车2平3　　　④马七退九

红方如上一回合走车九退二，此时可以走仕五进六，则马3退5，车九平四，红方可战。

④……　　　　　马3退5　　　⑤炮五平六

黑方退马以后伏有炮5平3的先手，红方被迫再次调整阵形。

⑤……　　　　　炮5平3　　　⑥相七进五　车3进2

⑦炮九平七　炮3进6　　　⑧马九进七　车3退1（黑方得子）

例局2

如图3-11，红方先行。当前局面下，红方临场认为黑方有炮7进5的先手，以后相三进一，卒7进1捉车，车四退四，炮7平8，黑方大优。红方思考的问题确实是盘面存在的，不能说红方有错误。既然考虑到这点，红车必然要动，最简单的方法是车四进二捉炮，黑方炮7进5，以下红方如果想选择稳健一点的变化可以走相三进一，如果想选择激烈的变化也可马八进七与黑方展开对

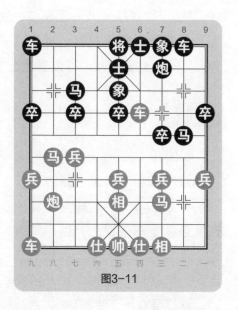

图3-11

攻，两种着法都是可行的方案。然而实战中红方做出了错误的选择。

①车四平三　马8退9　　　②车三进一

红方应该车三平一，位置虽差，但以后有调整的机会，局势尚无大碍。实战中的这个选择，红车的位置很容易被利用。黑方借攻击红车的机会，连续抢先。

②……　　　　　卒5进1　　　③马八进七　马3进5

④车三平一　象7进9　　⑤马七进五　炮7平9

⑥车九平八　车8进2　　⑦马五退七　马5退4

黑方兑马化解红方的进攻手段，老练。

⑧马七退五　车1平2

红方车炮受牵，黑方多子占势大优。

例局3

如图3-12，黑方先行。当前局面下，红方车炮虽然对黑方有牵制，但是没有后续子力的跟进，无法形成有效攻势。而黑方的优势恰恰在于子力位置较优，所以正确的思路应是炮9平8抢先攻马，以下炮五平二，车5进2，黑方在化解红方攻势的同时，还可以扩大自己的优势。实战中，黑方做出了一个错误的选择。

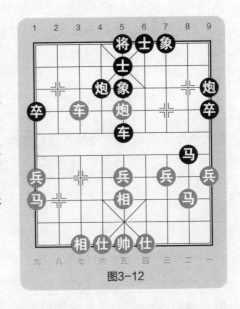

图3-12

①……　　　　车5进2

②马二进三　　车5退1

坏棋！黑方逃子不干净，被红方连续抢先。黑方正确的走法应该是车5平7，以后黑方车马炮三子集中在红方防御力量薄弱的右翼，可以和红方对攻。

③马九进七　　车5平6

黑车被挤出中路，失去抗击红方的机会。

④车七进三　　炮4退2　　⑤马七进六

红方再度借攻车谋位抢先。

⑤……　　　　车6平4　　⑥马六进八　　炮9退1

⑦马三进二

红方连续攻击，已成胜势。

⑦……　　　炮9平6　　　⑧马二进三

红方进马牵住黑炮，攻势更盛。

⑧……　　　马8退7　　　⑨车七退二　马7进6

⑩马八进六　车4退3　　　⑪车七平六　马6退5

⑫车六平五

黑方虽然一车换二，但是子力受困，红方下一着谋卒，形成车马兵的攻势，黑方很难抵挡。

⑫……　　　马5进4　　　⑬车五平九　马4进2

⑭车九退一（红方胜定）

第4节　吃子技巧

棋局在最开始的时候，双方棋子无论是数量还是位置都是相同的。位置上的改变是通过运子产生的，数量上的改变是通过吃子产生的。可以说，吃子是象棋最常见的战术手段之一，也是打破局面均衡的主要手段。于是学会吃掉对方的棋子，同时尽可能保护己方棋子不被吃掉，就是象棋战斗中最基本的要求。

关于吃子，不少初级棋手的理解还仅仅停留在要选择"吃子力价值高的""吃对自己有威胁的""吃子后有连续攻击的"这个层面。诚然，这些确实是吃子技巧的一部分，但显得过于基础了一些，更像是一种常识。

在这里用几个例局简单加以介绍，相信对于大多数"久经沙场"的中老年棋手而言，理解的难度不大，就不再展开叙述了。

【吃对方子力价值高的子】

如图 3-13，红方先行。红兵可以选择吃左右两个黑子中的任意一个，车的子力价值更大，所以红方应该选择用兵吃车。

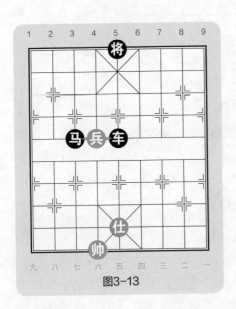

图3-13

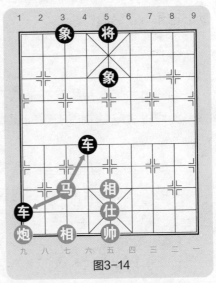

图3-14

【吃对方有威胁的子】

如图 3-14，红方先行。红马同时在捉吃两个黑车，由于1路黑车正在捉吃红炮，威胁更大。因此红方应该选择马七退九吃车。

【吃子后有连续攻势】

如图 3-15，红方先行。红方若选择炮七进三吃马，则得子后还有机会再吃掉黑车或黑马中的任意一个，这样比直接炮七平二吃炮的得子方式更好。因此红方应该选择炮七进三吃马。

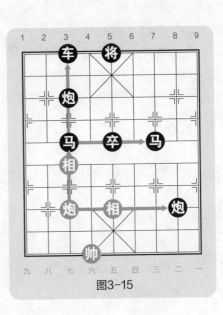

图3-15

在大多数情况下，我们在实战中面对的局面要比上面三例复杂得多，我们在进行吃与不吃的选择时，应当遵循一个原则：有利则吃，无利则不吃。

在这个原则下，我们要考虑清楚四个问题以及两个核心点，来帮助自己作出正确的判断。

【四个问题】

1. 对方为什么给我吃？是迫不得已，还是另有企图？

2. 可以去吃的棋子有没有保护（包括明根和暗根，以及先弃后取的战术手段）？

3. 吃了它有不利的后果吗？

4. 吃了它我会取得怎样的利益呢？

【两个核心点】

1. 子力价值。特别是吃子后子力价值是否受损，以及吃子导致的子力位置发生变化后，要承担怎样的后果（这涉及"子"与"势"的判断和取舍，有一定的难度）。

2. 子力位置。吃子以后，吃子的子所处的位置对全局的进展是否有利。

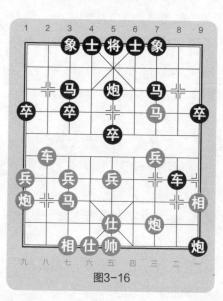

图3-16

例局1

如图 3-16，红方先行。

①马三进五　　象 7 进 5

②炮三进六　　马 3 进 5

③炮三平一　　车 8 进 3

④仕五退四　　车 8 退 7

⑤相一退三　　车 8 平 9

⑥炮九进四　马5进3　　⑦车八进一（图3-17）

乍看之下，在这个交换过程中，双方都没有什么太大问题，但如果仔细审局和计算就会发现，黑方没有进行吃子后的利益比较，在吃子顺序的选择上，犯了个小错误。

黑方正确的选择是：

①……　　　车8进3

黑方这里选择先不吃红马是正确的走法。

②仕五退四　象7进5

黑方此时再吃马，恰到好处。

③炮三进六　车8退7

④相一退三　车8平7

⑤相七进五　卒3进1

（图3-18）

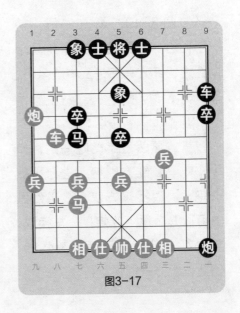

图3-17

与图3-17相比，这样的交换之后，黑车的位置明显好了很多。

在这个例局中，吃子的选择无非只是一个车位置上的差别，影响尚不算大，我们在实战中更多时候会面对复杂的兑子或弃子的局面。往往一个吃与不吃的选择，就决定了棋局胜负的走向。

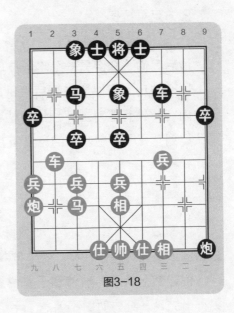

图3-18

　　如图 3-19，黑方先行。前一个回合中，黑方过河车压马牵制红炮，红方马三进五中路献马，黑方该不该吃呢？

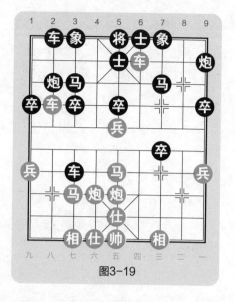

图3-19

　　①······　　　　　炮 2 退 1

　　黑方显然是不能吃马的，如平车吃马，红方则炮六进七再献一炮，同时捉黑方双车。虽然黑方可以马 3 退 4 吃炮，一车换双，但是红方马七进五后攻势强烈。因此，黑方只能退炮打车。

　　②车四退二　　马 7 进 8

　　③车四平一　　马 8 进 6　　　　④马五进六　　马 6 退 4

　　⑤兵五平六　　炮 2 平 1　　　　⑥车八进三　　马 3 退 2

黑方足可抗衡。

　　最后我们来介绍另一个吃子技巧：死子不急吃！

　　这个技巧之所以放在最后来讲，也是想带大家再巩固一下上面提到的内容，只有能对上述原则与核心有了较为深刻的理解，才会更容易认识到"死子不急吃"的意义所在。

　　如图 3-20，红方先行。此时黑方 8 路马已经是个死子了，红方是否应该现在选择炮四平二把它吃掉呢？

　　很显然，从子力价值和子力位置两个角度衡量一下，我们就很容易得出结论，红方暂时不要急于平炮吃马。

①仕五进四

红方上仕正着，如直接炮四平二，则炮8平5吃仕，仕六进五，车8进2，炮一平四，车2进7，炮四退三，炮4退2，黑方满意。

① ……　　　马4进3

②炮四平二　炮8平9

黑方没有打仕的手段，只能交换。

③炮一退四　车8进2

④炮一进一（红方满意）

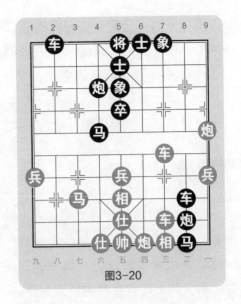

图3-20

第5节　兑子技巧

随着棋局的深入，双方子力互相接触，互相渗透，难免要进行一些子力交换。通过棋子互换达到一定作战目的的手段就称为兑子战术。兑子战术是象棋基本战术之一，在我们下过的每盘棋中几乎都有兑子战术的身影。

这里要多说一句的是，兑子战术和弃子战术都是通过牺牲个体来为整体利益服务的，从这一点上讲，两者是有相通之处的。而从子力价值得失来看，兑子往往是有子力补偿的，不以子力价值的损失来换取战术目标。

在实战中，特别是初、中级爱好者，经常会出现一方邀兑，另一方不甘示弱，只要判断自己不会立刻被将死，便不假思索地就选择交换了，往往在兑子的过程中并没有讨到便宜，如何解决这一问题呢？

首先要确立正确的思路：那就是"兑"与"不兑"，要先从"不兑"计算。换句话讲，判断一个兑子战术能否成立，要先从对方避兑开始算起，然后再计算兑换的结果。

例局1

如图3-21，红方先行。上一着，黑方炮2平1邀兑，希望通过兑子战术缓解压力。黑方通过计算，认为红方有两种棋路选择。其一是车八进三，则马3退2，车一平八，马2进3，车八进五，炮1进4，黑方有机会反攻红方中路，结果满意。其二是车一平八，则车2进3，车八进五，黑方仍有炮1进4的选择，两种走法实质上是殊途同归的。

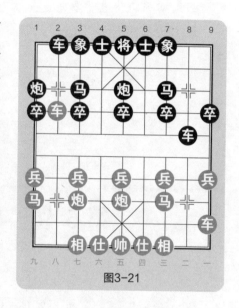

图3-21

但实战中红方选择了避兑，完全打破了黑方的计划。

①车八平七

红方避兑的同时先手捉马，这是黑方没有考虑到的，此着一出，黑棋已经乱了方寸。

①……　　　　车2进2

黑方如马7退5，则车一平六，车2进4，兵七进一，以后黑方担心红方有车六进七的手段，黑方阵形不协调，久战不利。

②车一平四

红方准备下一着车四进六攻击黑方7路马，把黑方阵形打散。

② ……　　　　马 7 退 5　　　③ 兵七进一

红方进兵控制局面，不给黑方调形的机会，并伏有继续挺七兵的冲击手段，积小胜为大胜。

③ ……　　　　炮 5 平 7　　　④ 仕四进五

红方准备帅五平四助攻。

④ ……　　　　炮 7 平 8

黑方计划接下来马5进7调整底线的弱点。由此可见上一回合中，黑方炮5平7是一步坏棋，应直接炮5平8。

⑤ 兵七进一（红方大优）

本局棋中如果黑方在计算时，能够考虑到红方存在避兑的手段，黑方是不会选择炮2平1兑车的，应改为如下变化。

① ……　　　　炮 5 平 6（图 3-22）

黑方抓紧平炮调形，修补弱点。

② 车一平四　　士 4 进 5

③ 车四进五　　象 3 进 5

黑方先把阵形补厚，再徐图进取。

④ 车四平三　　马 7 退 8

以退为进，黑方以后通过马8进9，再马9进8调整马位。

⑤ 兵三进一　　马 8 进 9

⑥ 车三平四　　卒 9 进 1

红方双车分开后，一时难以组织进攻。黑方阵形工整，足可抗衡。

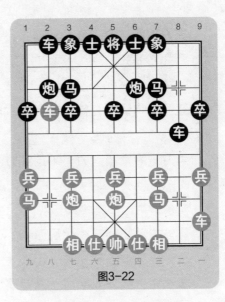

图3-22

例局 2

如图 3-23，红方先行。观枰可见，上一着黑方卒 3 进 1，准备打开 3 路线作为局面的突破口。实战中，红方误以为黑方再进 3 卒以后，自己可以车六平七，车 3 进 5，车二平七，从而顺利谋得先手。红方在关键时刻的兑子计算上犯了致命错误。

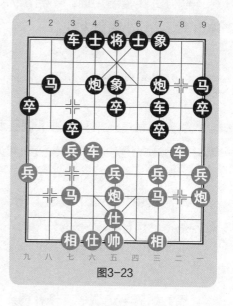

图3-23

①马七进八

红方误以为黑方冲卒后肯定会走车 3 进 5 兑子。

①……　　　　卒 3 进 1

②车六平七　卒 7 进 1

黑方再冲 7 卒，红方始料未及，陷入困境。

③车七进五　卒 7 平 8　　④车七退二　马 2 进 3

⑤炮五平八

红方平炮调形，待机在黑方右翼谋求攻势，顽强。

⑤……　　　　炮 4 进 4

黑方进炮紧凑有力，不给红方喘息之机。

⑥车七进一　炮 4 平 3　　⑦车七平四　车 7 进 3

⑧车四退六　炮 7 进 5

黑方主动交换，简化局面。

⑨炮八平三　卒 8 进 1（黑方大优）

本局中，红方如果能正确审局，应走相七进九！如图 3-24。

① 相七进九　卒 3 进 1

② 车六平七

这是相七进九的作用所在，计算时先考虑黑方不主动兑子的可能，给左车先行生根。

② ……　　车 3 进 5

黑方如改走卒 7 进 1，则兵三进一，车 3 进 5，相九进七，车 7 平 6，马三退一，黑方无趣。

③ 相九进七　车 7 平 6

④ 炮五平六　炮 7 进 4

⑤ 相三进五

红方足可抗衡。

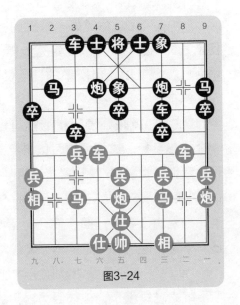

图3-24

第6节　节奏技巧

我们经常提到对局时要抢先手，那这个先手到底是什么呢？其实在不同阶段是有不同的任务的。简单来说，开局阶段抢速度，中局阶段抢棋势，残局阶段抢位置。

那么如何才能抢到先手呢？首先，就是要保持紧凑有力的行棋节奏，节奏紧凑有助于节省行棋步数，提高行棋效率，进而确立起优势。

而象棋中的行棋节奏，简单地来讲就是"明一""快二""慢三""断四"。

"明一"就是明确每一着棋的行棋目的。行棋都是有目的的，即使是我们讲的"臭棋"在走这步棋的时候一定也有想法，只是不够高明而已。之所以走出所谓的"臭棋"，通常是棋手下出了与局面焦点无关的棋。

"快二"就是强调行棋的紧凑程度。通常来说，两着棋就要达到一个行棋目标，这样的棋可以带给对手足够的压力。这类着法也是棋评中我们常常讲的"紧凑""简明""有力"的行棋节奏。

"慢三"就是指三步棋达到一个行棋目标，虽然行棋目的较为明确，但是由于着法迂回，往往会留给对手调整的机会，对对手形成的压力不够，甚至有可能走出了缓着。

"断四"一般是指四步以上才能对对方形成威胁，这样的棋显然节奏就太过缓慢了，往往因为对手的及时调整，攻击计划还没达成就被破坏了，因此称为"断四"。

下面我们通过两则实战例局为大家详细讲解。

例局1

如图3-25，黑方先行。

① ……　　　　车9平7

黑方平车掩护处于对峙状态的小卒，不料局面正因此露出了破绽，从棋理上讲黑方这着棋节奏属于"慢三"的性质。明快的下法是把卒兑掉之后走马8进7，这样以后再走马4退6，即可形成双马呼应的局面，红方尽管有中兵之利，但想进取也着实不易。

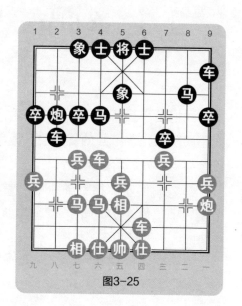

图3-25

② 兵七进一

从红方角度来分析，红方弃

兵意在逼迫黑车离开要道，黑方不得不应，这就是"明一"的行棋节奏。从黑方角度来分析，黑方上一着车9平7，红方并没有走兵三进一放缓行棋节奏。即使是红方走兵三进一，则马8进7，车六平三，黑方还要车7平8才可以让局面定型。因此说，车9平7是明显的缓着。这类行棋节奏在子力调整阶段和调运时可以采用，但在对抢先手的时候就显得力不从心了。

②……　　　　车2平3　　　③车六平四

红方虽然改变攻击目标，但仍是紧凑有力的节奏。

③……　　　　士6进5

黑方如车3进3，则前车进五，将5进1，马六进五！红方大优。

④前车平八

平车这着棋与上一着车六平四的棋是紧密联系的，红方平车杀士可隔断黑方炮2退2从下二路转移的线路，再平车捉炮，保持局面的压迫。

④……　　　　马4退3

黑方退马保炮必然。如走车3进3，则马六进五打死车。又如炮2进1，则马七进六捉死炮，红方都可取得大优的局面。

⑤马六进五

红方马踏中路兼顾八方，胶着的局面豁然开朗。

⑤……　　　　车3平4　　　⑥车四平二

以上几个回合红方平车捉炮、进马打车、平车捉马，目标清晰，都属于"明一"性质的节奏。

⑥……　　　　车7进1　　　⑦车二进四

红方进车骑河是夺取全局主动的关键着法，并且伏有炮一平二的先手，凡是这类"两着棋达到一个行棋目的"的节奏就是"快二"性质的着法。

⑦……　　　　车7平6

黑方平肋车看似平淡无奇，实则准备下一着车4平6叫杀，红方仕六进五，则卒7进1兑车。同样是两着棋达成一个行棋目的，"快二"

节奏的着法。

⑧仕六进五

红方提前补仕破坏黑方的计划。

⑧……　　　卒1进1　　　⑨炮一平二　马8进6

⑩车二进四　车6退2　　　⑪车二平四　将5平6

⑫马五进三（红方优势）

例局2

如图3-26，红方先行。

①兵七进一

红方冲兵威胁黑方右马，显得有些迂回。常见的选择是兵三进一，则象3进5，车九平八或马三进四，红方大子出动速度会更快，符合开局阶段抢速度的棋理。

①……　　　卒7进1

黑方置右马受攻于不顾，挺7卒设计一个弃子抢势的计划。

②兵七进一

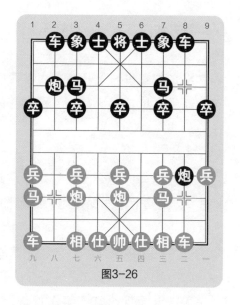

图3-26

红方还要走一着兵七进一才能实现攻击的目的，显然是属于"慢三"性质的节奏了。以下黑方有卒3进1和炮2进5两种反击方案。

方案1：卒3进1

②……　　　卒3进1　　　③炮七进五　炮2进5

黑方弃马抢先好棋，紧凑有力。

④炮五退一

红方如车九平八，则炮2平7，车八进九，炮8平5，仕六进五，车8进9，黑方棋势不错。

④…… 卒3进1

至此，红方双车被封、双马受制，得不偿失。而黑方3卒渡河助战，形势更为有利，弥补了丢马的损失。

方案2：炮2进5

②…… 炮2进5

利用红方节奏缓慢的弱点，黑方进炮也是抢先的好棋。

③兵七进一

红方如车九平八，则炮2平5，相三进五（如车八进九，则马3退2，相七进五，炮8平5，仕六进五，车8进9，马三退二，卒3进1，黑方大优），车2进9，马九退八，马3退5，兵七进一，炮8平5，仕四进五，车8进9，马三退二，炮5平9，黑方优势。

③…… 炮8平5

黑方炮打中兵先得实惠的同时，又破坏了红方阵形结构，好棋。

④仕六进五 车8进9 　⑤马三退二 马3退5

黑方保留子力的同时又消除了底象的弱点。

⑥马二进三 炮5退1

红方子力受到限制，黑方得势占优。

以上两种方案的验证，充分说明了红方第2回合兵七进一这着棋的节奏过缓，还是应改走兵三进一为宜。

例局3

如图3-27，黑方先行。黑方受到的最大威胁来自红方中路的担子炮，如能及时消除中路的隐患，黑方仍是可战之势。

实战着法：

①…… 炮8退2

黑方退炮这着棋从最终的目的性来看，已是"断四"的节奏。

②马三退五

红方退马先手捉车的同时给前炮生根。

②······　　　车3退1

③车七进二　炮8平5

④炮五进三　马7进5

黑方花了四着棋尝试解决红方中炮的威胁，但是对局面的逆转并无益处，反而是被红方越控制越紧。

⑤车七退三　马5退7

⑥车六退一　车3平4

⑦马五进六（红方大优）

局后分析，黑方在第一回合应先走车8进3，则车七进二，车8平5，较实战要顽强得多。

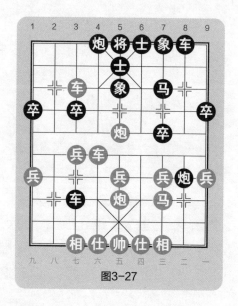

图3-27

高手过招，打得是节奏，一盘棋能赢下来，是战略与战术完美结合的体现。在对抢先手的时候，一步妙手或缓着，可能全局的胜负就易主了。棋手掌握正确的行棋节奏，有助于把局部的战斗打得更加清晰、有力，从而直接建立起较大优势甚至是胜势，棋艺水平自然也就能得到有效的提升。

杀法的规律与训练方法

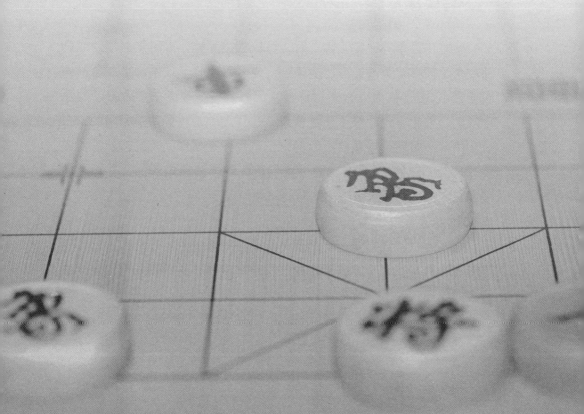

我们为什么要学习杀法？学习杀法可以训练你的计算力，特别是计算强制性的变化，计算对手应对的着法，计算出你该选择的最佳走法，从而快速找到最佳的破敌制胜方案。

在杀法练习中，大多数的错误发生在第一步，因此多训练三步到四步的杀法题更有助于提升短计算能力。在训练的时候也可以适当选择一些短小的缓杀练习题作为训练素材，相对于连杀局更能提升计算的广度和组杀能力。

第1节　杀法四律

一、转换律

攻方在攻杀守方将（帅）时，可以根据局势，采用正面攻杀或侧面攻杀（简称"纵杀"或"横杀"），或者采用钳形攻杀（纵杀与横杀相结合）。由于棋盘九宫有对称性，而各兵种在棋盘上又有自己的活动规则，因此不论是纵杀还是横杀，实质上的杀棋要素是相同的，在一定情况下可以形成转换。我们就把这种可在棋形间相互转换的对应规律称为"转换律"，它有助于我们更好地学习象棋杀局，并可帮助我们在实战中运用杀法时拓展思路，举一反三。

如图4-1，红方先行。这是一个非常简单的杀局，红方只要兵四平五占中就可以困毙黑方而取胜。按照转换律，这则残局可以演变成更多的棋形。

第一步，把黑方九宫顺时针旋转90度则形成图4-2的局面。

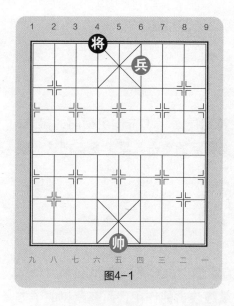

图4-1

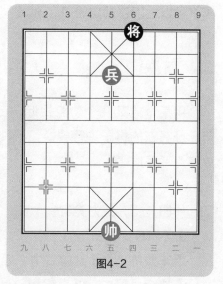

图4-2

红方同样可以走兵五进一占据花心取胜。

此时，我们再把图 4-2 顺时针旋转 90 度，则形成图 4-3 的局面。

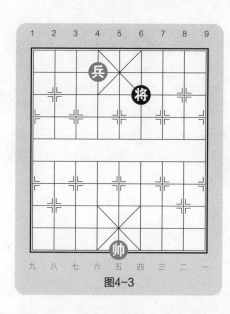

图4-3

图4-4

红方仍然可以兵六平五困毙黑方。

而如果再顺时针旋转 90 度形成图 4-4 的局势时，红兵成了底兵，黑将可以上下移动走闲着，则黑方可以谋得和棋了。

二、替换律

用某个或某几个功能相近、在特定局面下攻击作用相同的棋子，与已经存在的棋子进行替换，不改变实际的攻击效果，我们把这一规律称为"替换律"。

如图 4-5，红方先行。

①车三平六

平车照将，由于红帅占中，红方实现"白脸将"绝杀。

在这个杀局中，红车起到的是纵线攻击的作用，而在象棋的子力中，能起到纵线攻击作用的棋子还有不少，这里我们不妨用替换律来体会一下。

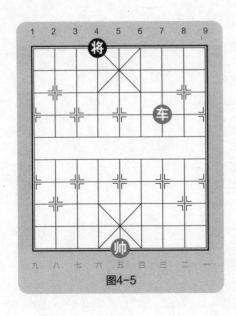

图4-5

图4-6

如图 4-6 和图 4-7，红方无论是双炮还是炮仕的组合，也同样是在六路进行纵线攻击，都可以代替图 4-5 中红车的作用。

下面我们再看一个略复杂一些的替换。

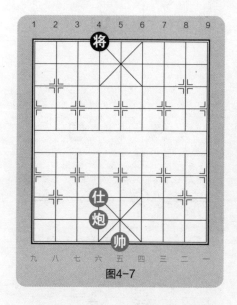

图4-7

图4-8

如图 4-8，红方先行。

①炮三平四（红胜）

这则杀局中红方三个子力各有作用，九路炮控制黑方士的落点，红帅限制了黑将向中路移动解杀的出路，也是典型的助攻作用，而三路炮平四则是直接发起进攻的子力，照将成杀。

下面我们就上面的这个局面进行一下替换。

如图 4-9，红方先行。

①炮三平四（红胜）

这则杀局中，红方中兵替代了图 4-8 中帅的作用。

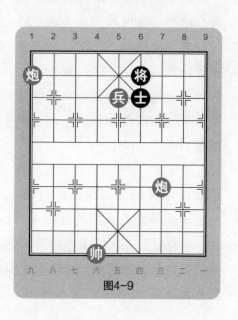

图4-9

如图 4-10，红方先行。

① 炮三平四（红胜）

这则杀局中，控制黑将平中的子力替换成了七路马，但达到的效果依然是相同的。

像这样更换具有相同作用的攻击子力，是替换律中较为简单的一种形式，有时候也可以迫使黑方"用自己的子力为红方助攻"，起到替换红方攻击子力的作用。

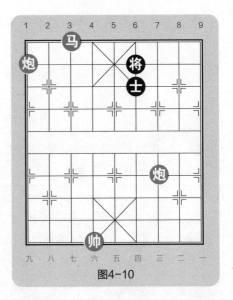

图4-10

如图 4-11，红方先行。

① 车八进五　　士 4 退 5

② 炮一平四（红胜）

在这个杀局中红方利用车八进五照将，迫使黑方士 4 退 5 回防，黑方士 4 退 5 回防以后，就相当于图 4-10 中的红方九路炮和八路马的作用，黑方 6 路士落不下来了，同时黑将的活动空间被限制。

通过对"替换律"的体会，我们可以拓展自己攻杀时的思路，

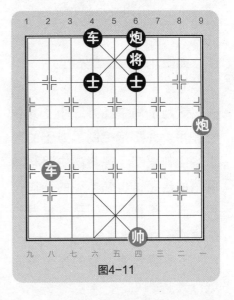

图4-11

明白不同子力在杀棋的过程中都扮演着何种角色，发挥着怎样的作用。这样我们在实战中才能更清楚，自己需要达到的某种效果，可否通过其他子力来实现。这对于我们丰富杀棋手段，提升攻杀能力，意义重大。

三、控中律

棋盘上的下二路线是将帅上下移动的要道，而中线是将帅左右移动的要道。因此控制九宫内纵横线条的"中线"也就是"控中"，可以说是组成多种杀法的一条重要途径，也是带有规律性的一种重要方法，我们在大量杀棋的最终棋形中也不难看出，通过先"控中"最终完成杀棋的出现概率还是相当高的。

如图4-12，红方先行。

①车三平四　　将6平5

②炮八平五

红方平炮封锁中线，是取胜的关键。

②……　　　士5退6

③马三退五　车3平5

黑方如士4进5，则车四进一，将5平6，马五进四，绝杀。

④马五进六　车5平4

⑤车四平五

黑将已经无法移动至4路线。

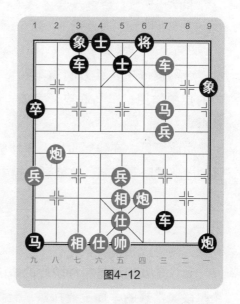

图4-12

中线和6路线都被红方控制，红方果断弃车作杀。

⑤……　　　将5进1　　⑥马六退五　将5平6

⑦兵三平四（红胜）

本例中红方取胜的关键在于用炮封锁中路，然后利用堵塞战术"塞"住黑方4路线，再从中路引离黑将，完成绝杀。

下面我们再看一则杀棋的例局。

如图 4-13，红方先行。

① 车八平六　将 4 进 1

② 马五退七　将 4 退 1

③ 马七进八　将 4 平 5

④ 车四平五　将 5 平 6

⑤ 车五进一　将 6 进 1

⑥ 马八退六　将 6 进 1

⑦ 车五退二　将 6 退 1

⑧ 车五进一　将 6 进 1

⑨ 车五平四（红胜）

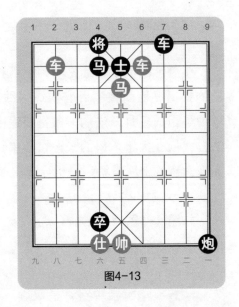

图4-13

这则棋局中，红方利用车和帅的控中作用，车马联攻，完成杀棋。

由此可见，在残局阶段，车和帅（将）联合控制中路，能形成很强的战略威胁和牵制，这就是"控中律"的价值。

四、三段律

无论是残局还是中局阶段的杀法，成杀的过程大体上可以分为几个阶段。常规的杀局主要按照"破防、制将、照杀"三个阶段去寻找机会，设计杀棋的战术。

还要指出的一点是，组杀前一般要出动 4 个左右的强攻击子力，理想的强子配备要兵种齐全，如车双炮马或双车炮马等，这样更便于集中火力展开进攻。

如图 4-14，红方先行。

① 车三进五　炮 6 退 2　　　② 炮二平四

红方平炮破防，入局的关键。

②……　　　　将 5 平 4　　　③ 炮四退四

红方退炮照将，用车把黑将逼上二楼。

③……　　　　　士5退6

④车三平四　　将4进1

⑤炮四平六　　士4退5

⑥炮五平六（红胜）

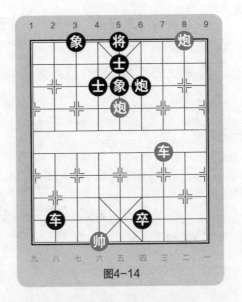

图4-14

如图4-15，红方先行。

①马六进四

红方进马强硬，准备先弃后取实施得子计划。

①……　　　　　车3平2

黑方如马3进4，则马四进六，将5进1，马六退七，红方得子胜势。

②车六进一

红方进车控制黑将，伏有马四进三的绝杀手段。

②……　　　　　炮2进7

③仕六进五　　士6进5

④马四进三　　将5平6

⑤炮五平四　　士5进6

⑥车六进一

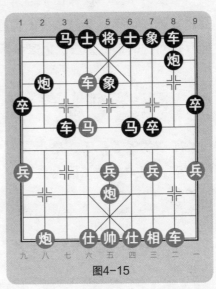

图4-15

红方进车破士，顺手牵羊。

⑥……　　　将6进1　　⑦车六退一　　将6退1

⑧车二进七

红方进二路车紧凑，准备车二平四照杀。

⑧……　　　炮8平4　　⑨车二平四　　炮4平6

⑩车四进一　　将6平5　　⑪车四平六（绝杀）

通过对"三段律"的学习，我们在实战中可以更好地为自己创造机会。

杀法的基本原理介绍到这儿，下面我们来学习实战杀法该如何进行训练。

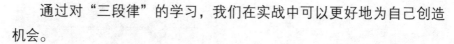

第2节 杀法的训练

杀法的掌握不仅仅在于理解各种定式的原理和规律，更重要的是要反复加以训练。那怎么样的训练更有效果呢？笔者在这里介绍几种较有针对性的训练方法供大家参考和选择。

一、限着杀王训练

所谓的限着杀王，是指要求练习者在规定的着法回合之内完成杀棋。

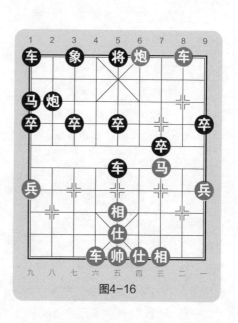

图4-16

如图4-16，红方先行。要求：三步杀。

①车六进八　炮2平7

②炮四平七　炮7退2

③车二平三（红胜）

除上面的标准答案以外，红方还有一种杀法如下。

①炮四平七　将5进1　　②车二退一　将5退1

③车六进八　车5平6　　④车二平五　将5平6

⑤车六进一（红胜）

相比第一种杀法，第二种杀法红方明显走了"冤枉路"，训练效果也自然会大打折扣了。限着杀王训练的好处是让练习者能够找到最佳的进攻选择。

二、分兵种杀法训练

在练习杀法的时候，可以以进攻子力的兵种组合来进行分类，同一类型的杀法在一起练习，比如车马兵、车马炮、车炮兵、马炮兵、双马炮、双炮马等兵种组合进行练习。

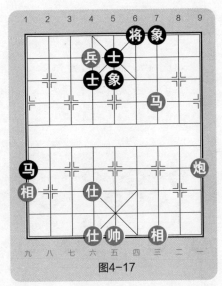

图4-17

如图4-17，红方先行。

①马三进二　将6平5

②炮一进六　士5退6

③马二退四（红胜）

如图4-18，红方先行。

①炮一平四　马4进6

②兵五平四　将6退1

③兵四平三（红胜）

以上两个例题均是马炮兵的组合杀棋，集中练习相同兵种组合的杀法，可以有效提高对同一类兵种进攻的驾驭能力和杀棋敏感性。

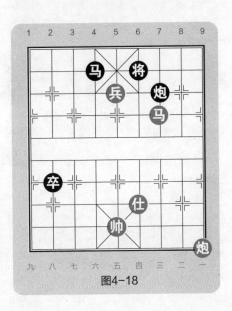

图4-18

三、杀法分类汇总训练

　　杀法分类汇总指的是依据基本杀法的类型来进行训练，如重炮杀、双马饮泉、铁门栓等。以"双车错"杀法为例，来看几个适合我们日常训练的例题。

例局1

　　如图4-19，红方先行。

①车四进六　将6平5　　　②车二进一　士5退6

③车四进二（红胜）

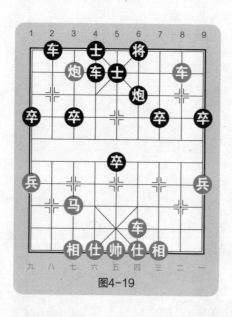

图4-19

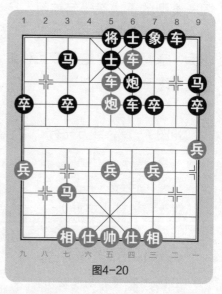

图4-20

例局2

　　如图4-20，红方先行。

①车五进一　将5平4　　　②车四进一　马3退5

③车四平五（红胜）

例局 3

如图 4-21，红方先行。

① 车三进六　将 6 退 1

② 车四进一　将 6 平 5

③ 车三进一（红胜）

以上三个例局就是针对双车错杀法进行的训练，这种练习的优点是能加强对基本杀法的理解和熟练度，特别是对杀棋时的组形和攻杀能力的提升大有益处。

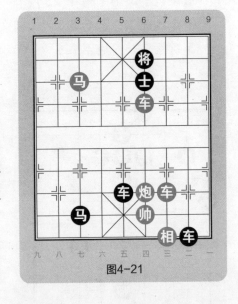

图4-21

四、猜子杀棋训练

猜子训练是近些年新兴的一种杀棋训练方法。在特定局面下存在一个不知兵种类型的暗子，猜出暗子是什么，并根据所猜的棋子进行组杀。

有些局面下暗子的兵种是唯一的，如猜错子力则无法成杀，而在部分训练题中，暗子可以是多种子力，则要分别计算出它们的杀棋着法。

这样的训练既可以拓展思维，同时可以提升我们的运子能力。

我们来看一个暗子可以是多兵种的例局。如图 4-22，红方先行。红圈是一个红方的子力，猜出它的兵种类型，并根据所猜子

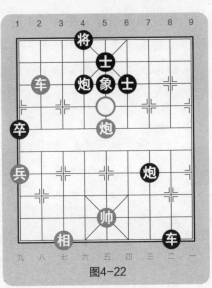

图4-22

力，推演杀棋着法。

假设棋子是炮（图4-23）：

①车八进二　象5退3　　②车八平七　将4进1

③前炮平六　炮4平5　　④炮五平六（红胜）

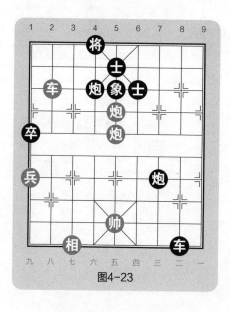

图4-23

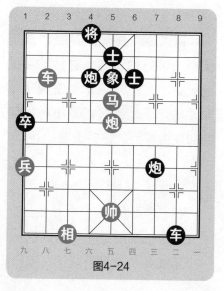

图4-24

假设棋子是马（图4-24）：

①马五进七　将4平5

②车八进二　炮4退2

③车八平六（红胜）

假设棋子是车（图4-25）：

①车八进二　将4进1

②炮五平六　炮4平3

③车五平六　炮3平4

④车八退一　将4退1

⑤车六进一　将4平5

⑥车八进一　士5退4

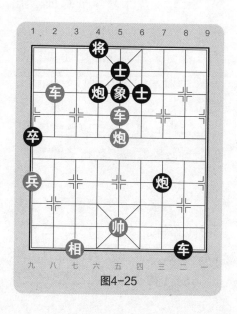

图4-25

⑦车六进二 将5进1　　⑧车八退一（红胜）

假设棋子是兵（图4-26）：

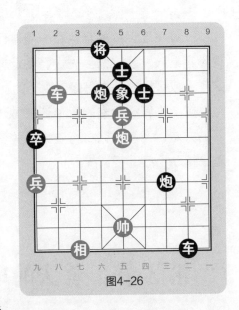

图4-26

①车八进二 将4进1

②炮五平六 炮4平3

③兵五平六 炮3平4

④车八退一 将4退1

⑤兵六进一 将4平5

⑥车八进一 士5退4

⑦车八平六 将5进1

⑧兵六平五 将5平6

⑨兵五平四 将6进1

⑩车六平四（红胜）

这个例局就是一个比较特殊的例子，暗子是四个进攻兵种的任意一个都可以完成杀棋，但不同子力的难度相去甚远，这就要考验我们的计算能力了。

五、计算深度训练

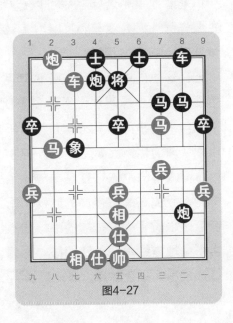

图4-27

计算深度主要是通过多步连杀和多步缓杀的习题来进行训练，通过逐渐增加杀棋所需的最少回合数来强化训练者的计算力。

如图4-27，红方先行。

①马八进七 将5平6

②马七退五 象3退5

③车七平六 士4进5

④马五进三 车8平7

⑤马三进二　将6进1　　⑥炮八退二　象5进3
⑦车六退一　象3退5　　⑧车六平五（红胜）

　　计算深度训练的难点在于随着回合数的增加，局面的突破口会变得不容易被发现，需要先进行备选方案的逐一排除。一旦在头脑中锁定了大致可行的杀棋思路，剩下的计算工作就不是太大的问题了。

　　以上推荐给大家的五种训练方法是杀法练习中较为常用且效果较好的方法，读者可以自行收集相关资料或在市面上选购整理好的练习题来辅助自己进行训练。

第3节　杀法的审局与行棋计划

　　近年来关于杀法练习的棋书、练习册有很多，可选择的范围很广。笔者建议中老年棋手可以选择一些难度不大的古谱来进行练习，主要先锻炼大局观和心算能力（做残局谱的题尽量先不要看着法，先试着自己破解一下）。

　　在这里向中老年朋友建议学习古谱而不是大批量的做杀法习题，主要是考虑到练习题做得过多是比较伤脑力的，很容易产生疲劳感，中老年人的精力毕竟不能和青少年相提并论，计算的训练量过大往往难以快速消化，反而还有伤神伤身的隐患。

　　而古谱的杀法往往是自成体系的，每个排局或残局上都有一个小标题，我们在练习排局的时候，不妨理解一下小标题的内容，古人的智慧是很厉害的，排局的小标题不仅是四字熟语或成语，同时还能非常形象地概括本局杀法的核心思想，隐含一些破解要点的提示。这样练起来不仅不会枯燥，还能感受到很多文化方面的乐趣。

　　言归正传，前两节主要介绍了杀法的一般规律和训练方法，这一节我们就把上面的内容结合起来，学习简单的判断。通过对杀局中的子力、空间、速度、局面弱点等因素的对比，做出相应的行棋计划。通过这样的训练，也可以为我们的中局打下一定的实战基础。当然，在《中老年象棋进阶指导（外练实战技巧）》一书中，笔者还会系统地为大家介绍"计算""计划"等相关内容，在学习那些内容的时候您就会发现，中局我们要注意的很多关键要素正是以本节内容为基础，深入展开的。

　　这里，我们以古谱《梦入神机》的前五局为例子，详细展开。

第1局　由中应外

　　如图4-28，红方先行。

　　原谱着法：

　　① 兵六平五　　将5平6

　　② 兵五进一　　将6平5

　　③ 马七退六（红胜）

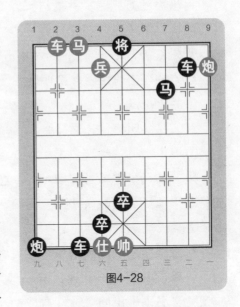

图4-28

一、局面分析

　　1.子力对比：红方车、马、炮、兵，黑方双车、马、炮、双卒，从子力的对比来看，红方净少一车一兵，只在防守端多一个仕，子力数量上占绝对劣势。

　　2.空间对比：双方都已占领对方九宫要点，攻势凶猛，旗鼓相当。

　　3.速度对比：双方距离胜利均近在咫尺，每一步的进攻选择都不容犯错，双方都没有余力防守了，此时就是比拼成杀的速度。

二、行棋方案

1.黑方先行：很显然，车3平4或车8进8两种走法都可以一步杀。

2.红方先行：从盘面上看，红方并没有一步就杀死黑方的方法。因此需要认真思考，设计一个完整的杀棋方案。首先由于对方一步即杀，红方必须步步将军才有获胜希望，此时红方有马七退八、马七退五、兵六进一、兵六平五四种将军的方法，到底哪种方案能顺利擒王呢？下面我们用排除法将正确答案找出来。

先看马七退八或是马七退五的将军方法，黑方都可以车3退9，形成解杀还杀之势，红方负。

再来看红方如选择兵六进一，则将5平4，马7退8，车3退9，黑方同样是解杀还杀，红方负。

于是红方现在只剩下兵六平五这一种选择了！有了这个战术思想，红方的攻击思路就非常明确了。

①兵六平五

红方平兵叫将，开通马路。

①……　　　将5平6

黑方如马7退5或车8平5，红方都可以马七退六双将杀。黑方如将5平4则与实战着法殊途同归。

②兵五进一

红方弃兵是本局的精华所在。红方从兵六平五开始，就已经计划到下一着要兵五进一，通过弃子战术解除红兵这个"累赘"。而这着棋黑方又必须做出回应，红方成功弃子抢先。红方这步棋如改走马七退六，则车3退9解杀还杀，黑方抢杀在先。

②……　　　将6平5　　　③马七退六

双将杀，红胜！

小结：通过对这一局的分析我们不难发现，在双方杀势均已离绝杀对方很近了的时候，子力价值的优势并不起决定性作用，更重要的是空间优势和速度优势。通过长期系统的杀棋训练，棋手的心算能力会得到显著提升。在练习过程中，要做到先审棋、后思考、再推演、最后得出结论。切不可在没有计划、没有构思的时候就随意演变，这样不利于计算力的提升。

第2局　弋不射宿

如图4-29，红方先行。

原谱着法：

① 炮二平五　马5进7

② 马二进三　炮2平7

③ 兵六平五（红胜）

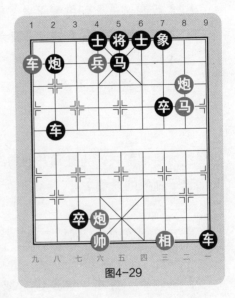

图4-29

一、局面分析

1. 子力对比：从可进攻子力来看，红方车、马、双炮、兵，黑方双车、马、炮，双卒，黑方物质上占绝对劣势；从参与防守的子力来看，红方只有一相，黑方双士、单象，红方防御力量明显更单薄。

2. 空间对比：双方都已形成多子力围攻对方九宫的态势，攻势凶猛，旗鼓相当。

3. 弱点对比：红方仅有一相参与防守，显然无法抵挡黑方的攻击，如果黑方先行，只要走车9平7或卒3进1再车2进5都可以成杀；黑方也并非没有弱点，窝心马的存在，造成双士无法活动，红方如能走到马二进三这着棋就可以取胜。

二、行棋方案

观枰可见，红方必须利用先行之利展开进攻，步步带将直到绝杀黑方。在这个战术计划下，我们来尝试制定以下红方可以选择的棋路：

（1）兵四平五，则将5进1，红方无杀。

（2）兵四进一，则将5平4，车九进一，炮2退1，红方无杀。

（3）炮六平五，马5进7，兵六平五，将5进1，红方无杀。

（4）炮二平五。

前三种走法都行不通，我们只能将第四种变化作为主要思考的方向。

①炮二平五

红方平炮照将，为红马开通道路（利用黑方窝心马的弱点，伏有马二进三卧槽的杀着）

①……　　　　马5进7

黑方如象7进5，则马二进三杀。

②马二进三

弃马叫杀，好棋，这是红方取胜的关键。红方利用调虎离山战术，成功引离黑炮，为下一着兵六平五叫杀打下基础。

②……　　　　炮2平7　　　③兵六平五（红胜）

小结：本局是一个非常精彩的杀法组合，红方先平炮照将，伏有马二进三卧槽的杀法，再弃马引离黑炮，形成"空头炮杀法"[空头炮是象棋中的一种基础杀法，指的是攻击方运用炮和对方将（帅）在中路直接照面，使其不能起中士象（仕相）护卫将（帅），再借炮威用其他子力做杀，从而入局取胜的杀法]。

如图4-30和图4-31都是空头炮杀法的典型局面。

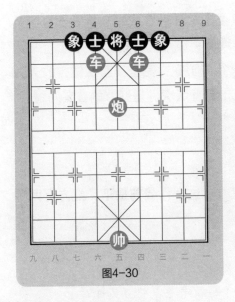

图4-30

图4-31

第3局 存没无累

如图 4-32，红方先行。

原谱着法：

① 马六退七　炮 3 退 8

② 炮九进六　炮 3 进 1

③ 马八进七（红胜）

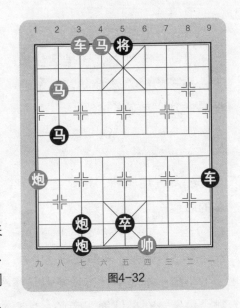

图4-32

一、局面分析

1.子力对比：从进攻子力来看，红方车、双马、炮，黑方车、马、双炮、卒，红方少一兵；同时红黑双方都没有可防守的子力。

2.空间对比：双方都已占领对方九宫要点，特别是黑卒占据宫心，攻势凶猛。

3. 速度对比：如黑方先行，只要走车9进3或车9平6都可绝杀红方。红方唯有利用先行之利，连续照将成杀，否则都会失利。

4. 弱点分析：黑方九宫无士象参与防守，完全暴露在红方的火力之下，如何控制黑将，如何使得攻击更有层次，是红方的首要问题。

二、行棋方案

红方必须步步带将直到绝杀黑方。这个作战前提下，红方有两种着法选择。

着法1：

① 马六退五　　将5进1　　② 炮九平五　　将5进1

③ 车七平五　　将5平4　　④ 马八进七　　将4退1

⑤ 车五退一　　将4退1

如图4-33，红方无杀。

着法2：

① 马六退七

退马弃车妙手，一是定住黑将，黑将已经无法移动，二是迫使黑炮为红方充当炮架。

①……　　　　炮3退8

② 炮九进六

红方进炮叫将，这是红方弃车的后续手段。

②……　　　　炮3进1

③ 马八进七（马后炮杀）

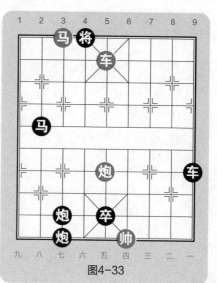

图4-33

小结：本局中红方只能退马露车，才可能连续照将。但红马退到哪个位置，却是值得思考的。如果红方走马六退五，则将5进1，红方没有连杀的手段，黑方反而抢攻在先。而马六退七则是一着妙棋，这着棋的妙处在于，弃车以后黑炮充当红方炮架，红方可以借此炮架继续进攻。这局杀棋给我们的启示是：攻击必须是立体的、多层次的，所有的目标都是围绕攻击对方的将（帅）来展开的。

第4局 诱虎夺穴

如图4-34，红方先行。

原谱着法：

① 炮六进五　士5进4

② 炮八平五　卒1平2

③ 车六平五（红胜）

黑方第1回合还有另一种选择，演变如下：

① ……　　　　炮5平2

② 炮六平五　士5进4

③ 车六平五（红胜）

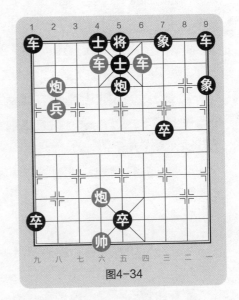

图4-34

一、局面分析

1. 子力对比：从进攻子力来看，红方双车、双炮、兵，黑方双车、炮、双卒，红方占优；从参与防守的子力来看，红方没有可防守的子力，黑方士象全。

2. 空间对比：双方都已占领对方九宫要点，特别是黑卒已占据红方宫心，攻势凶猛。

3. 速度对比：红方宫心被占据，黑方只要再走车9平8或者卒1平2就可形成绝杀。由于黑方不能一步就立即将死红方，给红方留了一步"组杀"的机会。

4. 弱点对比：红方九宫无仕相参与防守，完全没有防守力量；黑方双肋被红方双车卡住，如果红方能炮占中路即可形成"空头炮"杀势，而这正是黑方的防御弱点。

二、行棋方案

观枰可见，红方必须利用先行之利展开进攻，一步之内形成杀势，抢杀在先。在这一前提下，我们来分析一下红方可以选择的棋路变化。

着法1：炮六平五，则车9平8，红方无杀。

着法2：车六平九拦车，则车1平3，黑方抢杀在先。

着法3：炮六进七，黑方显然不能走车1平4，否则车四平五，将5平6，车六进一杀，黑方这时会选择士5退4，以下车六退一，炮5退1，红方无杀。

至此红方只剩炮六进五强夺中路的选择，我们把它作为主要计算的方向。

①炮六进五

红方以炮作为诱饵，为达到夺穴的目的做准备。

①……　　　　士5进4

黑方如炮5平2，则炮六平五，士5进4，车六平五，仍然是空头炮杀势。

②炮八平五　卒1平2　　　③车六平五（红胜）

小结：从排局角度来看，本局是典型的"宽紧杀"，即缓杀局。这种杀法练习比较贴近实战，是练习杀局的好素材。本局关键之处在于红方如何利用这一步棋的余量去打造杀棋。

首先要洞察双方的子力位置关系，找到对手的弱点。其次在进攻兵力有足够储备的基础上，将子力尽可能调运至对方的弱侧，并予以打击。另外可以通过"兑""弃""献"等手法排除障碍，把复杂的子力关系进行简化，构建出最后的杀势。

第5局　三鳝登堂

如图4-35，红方先行。

原谱着法

①马四进六　车3进1

②兵二平三　车3平4

③兵三平四（红胜）

黑方第1回合还有另一种选择，演变如下：

①……　　　车3平5

②马六进五　将6进1

③兵二平三（红胜）

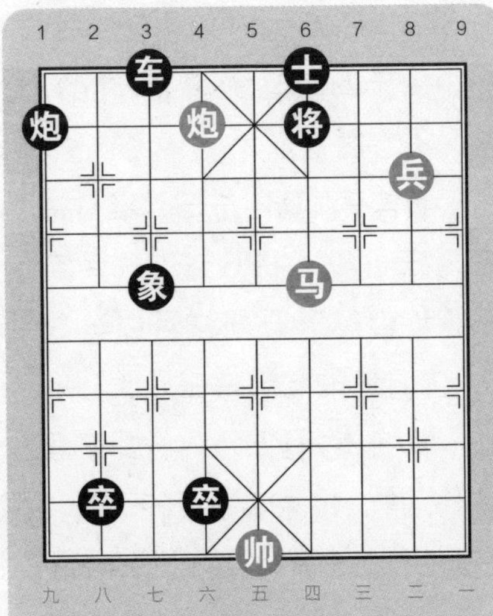

图4-35

一、局面分析

1.子力对比：从进攻子力来看，红方只有马、炮、兵三个进攻子力，黑方车、炮、双卒，显然是红方劣势；从参与防守的子力来看，红方没有可防守的子力，黑方单士象，同样是黑方优势。

2.空间对比：双方都已占领对方九宫要点，特别是黑方肋卒位置很好。

3.速度对比：黑方此时只要再走象3退5就可成绝杀之势。黑方本局同样是不能一步将死红方，给红方留了一步"组杀"的机会。

4.弱点对比：红方九宫无仕相参与防守，完全没有防守力量；黑方将位不佳，为红方马炮兵的联合进攻留有机会。

二、行棋方案

观枰可见，红方必须利用马炮兵组合立刻发动攻势，只有一步喘息的机会。在这个前提下，我们来看红方都可以有哪些选择。

着法1：兵二平三（图4-36），准备接下来兵三进一，将6进1，马四进二绝杀。

但是黑方有车3平5的手段，红方只能帅五平四，车5进4（图

4-37）。红方此时如再走兵三进
一，由于四路马受牵制，红方无
杀，黑方胜定。

着法2：马四进三，准备接下
来马三进二，将6进1，兵二平
三杀！但是黑方同样可以车3平
5，依旧是黑方抢杀在先。

着法3：马四进六，伏有马六
进五将军，再兵二平三的杀法，我
们把它作为主要计算的思路来分析。

①马四进六

借帅力进马组杀，这是红方
取胜的关键。

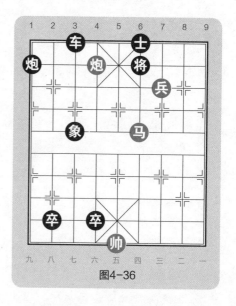

图4-36

①……　　　　　车3进1

黑方不给红方马六进五叫将
的机会。虽然防住红方左翼的攻
势，但红方右兵的攻击线路畅通
无阻。黑方如改走车3平5，则马
六进五，将6进1，兵二平三杀。

②兵二平三

红炮控制对方的下二路，再
平兵叫杀，黑方败局已定。

②……　　　　　车3平4

③兵三平四（红胜）

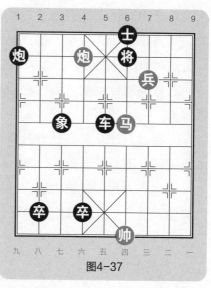

图4-37

小结：这则杀局看起来平平无奇，实则暗藏玄机。黑方虽然不是
连杀，看似红方有多种选择，其实不然，只有马四进六借帅力作杀，
才是红方唯一的正确选择，其他方法都是死路一条。在实战中如何在
有限的时间内、有限的步数中创造杀机，最终绝处逢生抢杀在先，是
每一位棋手的必修课。

第五章

打谱与复盘

想要提高象棋技艺，实战对局固然很重要，学习打谱和复盘同样重要。对于中老年棋友来说，打谱和复盘的比重应该比实战更大一些，而两者之中复盘应比打谱更多。

职业棋手下完棋不仅可从头复到尾，并且可以把其中某些重要的局面直接在棋盘上摆出来，看起来是一件很不可思议的事情，其实那只是作为职业棋手的基本功而已。这种基本功可以帮我们快速找到局面的得失要点，特别是那些决定棋局走向的或是发生重大转折时出现的好棋或恶手。

第1节　打谱的方法

打谱是指在棋盘上演示定式或者棋局的进程，从而在训练基本技巧的同时体会对局者的构思、计划、形势判断以及转换技巧，领略到局面背后隐藏的精妙所在。打谱作为直接感受高手对弈思想的重要方法，在提高棋力的过程中是不可或缺的。

象棋有许多基本战术和基础杀法，这些技巧和手法是大家所熟知的，可是在具体实战中如何灵活运用，对一个局面如何进行判断和处理，业余棋手和专业棋手之间往往存在着巨大的差距。因此我们要带着问题去打谱，用我们的思考和判断方式与专业棋手的着法相对照，找到我们之间的差距并加以改进，从而提升我们的棋力水平。

下面以一则实战对局为例，为大家详细介绍如何用"六步法"来进行打谱。

王天一　胜　谢业枧

2018 年博瑞杯全国象棋个人赛

飞相对左中炮

第一步：读谱

首先我们要把整盘棋从头到尾的摆几次，尽量摆到可以默下整盘棋为止。在这一过程中，我们要有意识地把自己没看懂或有所疑惑的地方，逐一记录下来。

①相三进五　炮8平5　　②马二进三　卒7进1

③兵七进一　马8进7　　④车一平二　车9平8

⑤马八进七　炮2平3　　⑥马七进八　马7进6

问题 1：黑方在第 5 回合中，如果先走马 7 进 6 和实战有什么区别呢？

⑦仕六进五

问题 2：开局阶段补仕是不是有嫌布局节奏过缓呢？

⑦……　　　　马6进5　　⑧炮二平一　车8进9

⑨马三退二　炮5平8　　⑩兵九进一　炮8进4

⑪车九进一

问题 3：红方先走兵九进一，再走车九进一，两者有什么联系呢？

⑪……　　　　炮3平8　　⑫马二进四　马5退6

⑬车九平六　象3进5

问题 4：黑方象 3 进 5 以后，是否存在子力分散的弱点？当前局面下，红方好还是黑方好？

⑭炮一进四　马2进3　　⑮炮一退一　前炮进2

⑯车六进二

问题 5：车六进二好还是车六进四捉马好？

⑯……　　　　前炮平7　　⑰仕五退六　车1进1

⑱ 车六平四　　炮 8 进 7　　　⑲ 仕四进五　　马 6 退 7

问题 6：黑方马 6 退 4 和马 6 退 7 有区别吗？

⑳ 兵三进一

问题 7：红方弃兵的作用是什么？

⑳ ……　　　　车 1 平 8　　　㉑ 兵三进一　　炮 8 平 7

㉒ 马八进七　　前炮退 5　　　㉓ 车四平三　　前炮平 8

㉔ 炮一进四

问题 8：红方沉底炮后，作战计划是什么？

㉔ ……　　　　车 8 退 1　　　㉕ 炮一平三　　车 8 平 7

㉖ 马七进五　　炮 7 平 4　　　㉗ 兵七进一　　炮 4 退 3

㉘ 兵七进一　　马 3 退 1　　　㉙ 车三平六　　将 5 进 1

㉚ 马五进七　　炮 8 退 7

问题 9：面对黑方担子炮的防守，红方的攻击计划是什么？

㉛ 相五进三　　马 7 进 6　　　㉜ 炮八平五

问题 10：黑方为什么至此就认负了？

第二步：拆棋解惑

　　根据上面提出的问题，结合着法的变化，逐一进行分析并找出问题的答案。

解惑 1：黑方第 5 回合先走马 7 进 6 的差别。

　　如图 5-1，黑方如先走马 7 进 6，看似同样封锁红方马七进六的手段，但是由于红方双正马的存在，黑马失去了马 6 进 5 的后续攻击手段，显然这样对红方

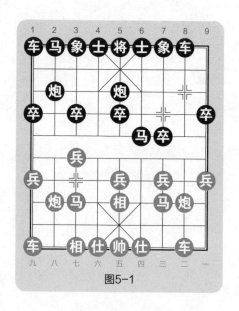

图5-1

构不成威胁。

⑥车九进一

红方接下来可以车九平四捉马。

⑥……　　　炮5平6

黑方如马6进7，则属于开局阶段一子多动，是违背棋理的，并且马6进7以后红方还有车九平四再炮二进四倒打马的手段，黑方不利。

⑦车九平六　　象3进5　　⑧炮二进五

红方子力两翼均衡开出，炮二进五以后有空间优势，红方满意。

实战中，黑方先走炮2平3，迫使红方马七进八削弱了中路的防守力量，再走马7进5时就增加了一个马6进5中路突破的手段。因此，第5回合时黑方炮2平3的效果要明显优于直接走马7进6。

解惑2：第7回合红方仕六进五的作用。

如图5-2，当前局面下，红方补仕加强中路的防守是正确的，如改走车九进一，则马6进5，马三进五，炮5进4，此时红方仍要补仕，但是还要落得后手。因此，第7回合中红方先补仕不给黑方交换后炮5进4的先手，似缓实佳。

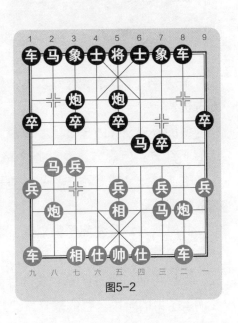

图5-2

解惑3：红方先走兵九进一，再走车九进一的原因。

如图5-3，红方兵九进一以后，原本计划接下来车九进三，炮8进4，马二进四，马5退6，兵三进一，红方抢先。但是黑方识破红方的计划后，先走炮8进4，红方如果再走车九进三，黑方可以卒7

进1，红方九路车的位置就会比较尴尬，先手不大。因此，红方及时调整计划，改走车九进一。

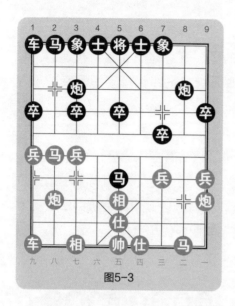

图5-3

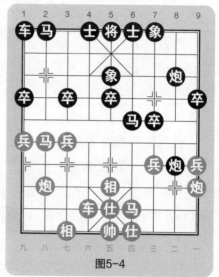

图5-4

解惑4：黑方象3进5以后，是否有嫌子力分散？此时局面哪一方占优？

如图5-4，黑方象3进5以后，右翼车马未动，出子速度确实略落后于红方。但黑方飞象补厚中路以后，接下来可以通过马2进3、车1进1或士4进5再车1平4等手段活通子力。因此并不存在子力分散的弱点。

此时双方均是左翼子力活跃，黑方多一中卒，且6路马对红方四路马有限制。红方车位好，随时可以车六进四攻击黑马，把黑马赶回去，以后再马四进五调整。双方目前都没有好的进攻机会，暂时仍处在调运子力的阶段。整体来看，红方稍好。

解惑 5：红方为什么选择车六进二而不是车六进四捉马？

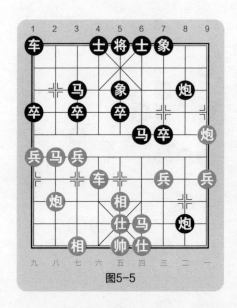

图5-5

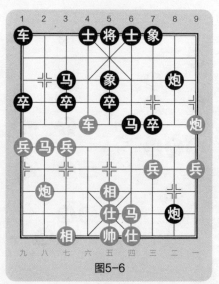

图5-6

红方在这里选择了车六进二，如图5-5。首先我们来看，红方此时如不动车，而改走炮一平四吃马，则前炮平7，红车正好堵在帅门，红帅没有解杀的空间。这样，红方只能仕五退六或马四进五，无论选择哪种方法解杀，红方都会丢车。

因此红方计算到这里以后，按照"计划不变方案变"的原则，首先要考虑走动肋车。

但是如果直接走车六进四（图5-6），则黑方前炮平7叫杀，红方仕五退六解杀时，黑方可走前炮进1，仕四进五，马6进7，黑方逃马的同时，顺势反捉红方四路马，黑方优势。

计算到这里，红方车六进二的作用就相当明显。可以在解杀的同时，不给黑方马6进7的机会，以后再车六平四捉马，黑方只能选择马6退4或马6退7，红方仍持主动。

解惑 6：黑方马 6 退 7 和马 6 退 4 有区别吗？

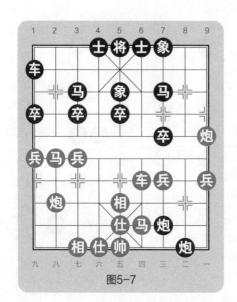

图5-7

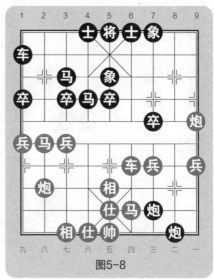

图5-8

　　马 6 退 7（图 5-7）和马 6 退 4（图 5-8）的区别是一个相对复杂的计算。从实战来看，红方第 24 回合炮一进四后，自然多了一个马七进五的先手，于是我们可以通过反推得出结论，黑方若选择马 6 退 4 要比马 6 退 7 更好。

　　在打谱时候，关于一着棋的好坏，或者一个计划的实施是否顺利，我们可以暂时不做深度计算，在往下继续拆棋时，利用双方后面的实战着法反过来推演前面着法的合理性，我们可以称其为"反推法"或者"逆向验算法"。

解惑 7：弃兵的作用是什么？

　　红方兵三进一后的形势如图 5-9，首先我们要读懂这着棋的作用。兵三进一后，使关联子四路车可以右移，有平二捉炮的手段，以后解决肋马受牵的问题。其次我们需要计算黑方若卒 7 进 1 吃掉弃兵，红方的计算是否还能成立。黑方如卒 7 进 1，则车四平二，车 1 平 9，兵一进一，黑炮被捉死，所以黑方不能进卒吃兵，只能走车 1 平 8 看炮，红方继续兵三进一，送兵过河，红优。

由此看出，红方兵三进一是扩先的好棋。

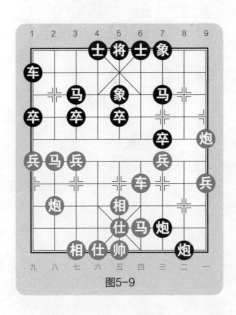

图5-9

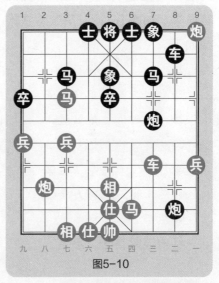

图5-10

解惑8：红方沉底炮后，计划是什么？

如图5-10，红方炮一进四以后，准备借底炮的牵制和威胁，一炮换双象。

解惑9：面对黑方担子炮的防守，红方的攻击计划是什么？

如图5-11，面对黑方担子炮的防守，红方准备相五进三让出中路后炮八平五，从中路发起攻势。

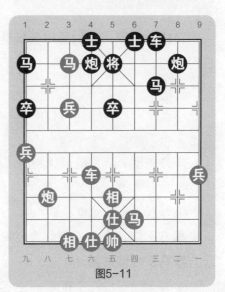

图5-11

解惑 10：黑方主动认输的原因。

黑方之所以认输，是因为已对后续着法进行过推演，自知大势已去。如图5-12，后续着法推演如下。

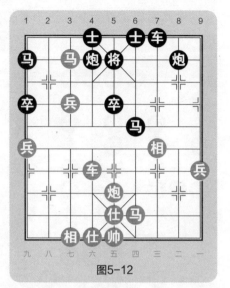

图5-12

㉜……　　　　　将5平6

㉝车六平四　　　车7进4

㉞马四进五　　　炮8进1

㉟马五进四　　　炮8平6

㊱马四退五　　　车7退2

㊲炮五平四　　　将6平5

㊳炮四进五

红方连续得子，胜定。

第三步：作出完整笔记

在这一步骤，我们要对全局进行详细的拆解，并做好笔记，以便日后复习。

①相三进五　　　炮8平5

以左中炮应付飞相局，是黑方最强硬的着法之一。

②马二进三　　　卒7进1

黑方先挺7卒，是有计划的子力部署，可避免红方进三兵的变化。

③兵七进一　　　马8进7　　　④车一平二　　　车9平8

⑤马八进七　　　炮2平3

黑方平炮，意在迫使红方左马离位，以削弱其中路防御力量，为己方跃马反击创造条件。

⑥马七进八　　　马7进6　　　⑦仕六进五

红方补左仕形成"花仕相"，防止右翼空虚受攻，两侧兼顾。

⑦……　　　　　马6进5　　　⑧炮二平一

红方平炮兑车是补左仕的续着，使黑马夺中兵兑子的计划落空。此步亦可改走炮二进四，则马2进1，则兵九进一，马5进7，炮八平三，车1平2，马八进九，炮3退1，车九进二，红方占先。

⑧……　　　　车8进9　　⑨马三退二　炮5平8

⑩兵九进一　炮8进4

黑方进炮兵林线，不希望红方抢到车九进三的棋。

⑪车九进一　炮3平8　　⑫马二进四　马5退6

⑬车九平六　象3进5　　⑭炮一进四

红方一时也没有好的进攻线路可以选择，炮打边卒先得实惠。

⑭……　　　　马2进3　　⑮炮一退一　前炮进2

⑯车六进二

正着，如随手炮一平四吃马，黑方可以前炮平7叫杀，红车必失。

⑯……　　　　前炮平7　　⑰仕五退六　车1进1

⑱车六平四

红方平车冷静，不给黑方对攻的机会。如改走炮一平四，则炮8进7，仕四进五，车1平8，炮四退三，车8进7，双方对攻。

⑱……　　　　炮8进7　　⑲仕四进五　马6退7

黑方同样是退马，改走马6退4为宜，以下红方如兵三进一，则车1平8，车四平三，车8进7，马八进七，炮8平7，车三平四，卒7进1，黑方可战。

⑳兵三进一

红方冲三兵耐心，拓宽车路，随时策应右翼。

⑳……　　　　车1平8　　㉑兵三进一　炮8平7

㉒马八进七

红方进马以后随时有炮一进四的先手。

㉒……　　　　前炮退5　　㉓车四平三　前炮平8

㉔炮一进四　车8退1　　㉕炮一平三　车8平7

㉖马七进五

此时便可以看出之前马6退7和马6退4的差别。

㉖……　　　炮7平4　　㉗兵七进一　炮4退3

㉘兵七进一　马3退1　　㉙车三平六　将5进1

㉚马五进七　炮8退7　　㉛相五进三

红方扬相以后炮八平五，接下来从中路发起的攻势如潮，黑方大势已去。

㉛……　　　马7进6　　㉜炮八平五（红胜）

第四步：完善布局体系

解决棋局的基本问题，了解实战的过程后，我们还要对本局的布局体系进行拓展学习。如果您恰好对这个布局体系比较熟悉，那么就查一下有没有新的变化。如果您对对局双方所走的布局不甚了解，那么就来系统学习一下，也可以多找找相关的资料来丰富自己的布局武器库。

以本局为例，黑方第9回合炮5平8是一着新变化。以往多走炮5平9。我们此时要在炮5平8这里标注一下。

⑨……　　　炮5平8（图5-13）

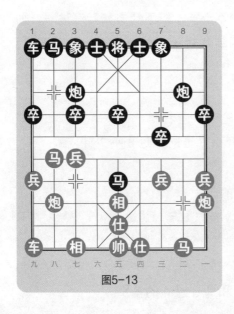

图5-13

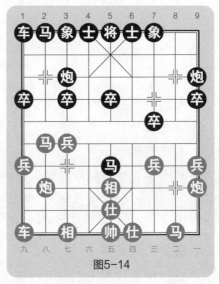

图5-14

新着。常见的选择是炮5平9（图5-14），则车九进一，炮3平6，车九平六，炮9进4，兵三进一，卒7进1，马二进四，马5退6，车六进四，炮6进6，车六平四，炮6平9，车四平三，象3进5，车三退一，马2进4，双方大体均势。

对比两图，黑方如走炮5平9，红方可以车九进一，而黑方走炮5平8，红方不能直接走车九进一，否则黑方炮8进6，仕五退六，炮8退3，黑方连续攻击红方车马，破坏红方阵形。

第五步：寻找典型战术

本局中，红方第18个回合车六平四稳步推进，以及第20回合兵三进一弃兵都是非常经典的战术。我们尽量要将这种值得回味和学习的内容摘抄下来，加深印象。如果实战中遇到相似的棋形，就可以借鉴使用。巧妙之处前文已有过介绍，此处不再过多赘述，但这一步骤是自我学习中非常重要的，一定不能忽略。

第六步：完善残局知识

由于本局在中盘已经结束，没有涉及残局，因此可以省略这个步骤。如果是在残局阶段分胜负的棋局，要重点掌握以下两个要点：一是学习残局战略判断，即进入残局阶段时，局面上是一方占优还是双方均势，棋手是如何扩先或者防守的，双方各自想要把这个局面往什么样的残局上转化。二是当局面涉及相关的例胜或例和定式时，自查是否掌握了此种定式，如对取胜或守和的方法不熟练的，要把遗漏的知识点补上。

以上六个步骤就是打谱的全过程，大家在打谱的过程中，要有意识地使用上面打谱的"六步法"，日积月累，相信棋力会大有提高。

第2节　复盘的方法

复盘是指对局完毕后，复演该盘棋的记录，以检查对局中对弈者的优劣与得失关键。复盘被认为是棋手增长棋力的最重要方法，可以站在一个旁观者的视角看到自己临场时思考不足的地方，从而更客观地找到自身存在的一些问题。

一、复盘的要点

复盘并不是把下完的棋简单地重复一遍，而是要找到双方攻守的漏洞，修正自己的计划。回忆当时自己为什么选择这样走，又是如何计划的，进而分析这个计划是否成立，问题又出在哪里。针对自己和对方每步棋的得失提出新的假设，例如如果不这样走还有哪种可能，怎么选择是更佳的方案。这些内容都必须在复盘中思考、发现并得出正确的结论，这样的复盘才是有价值的。

二、复盘的形式

1. 独立思考对局复盘

棋手自己摆出对局，分析对局。这样可以充分发挥棋手对局面的理解分析能力，通过选点验证、再选点再验证，从而达到拆棋复盘的目的。

2. 高手指导下对局复盘

这种方式是最常规的对局复盘方式，也是初、中级棋手提高棋艺水平的主要方式，棋手在对局复盘的时候，要善于向指导者提问，演算不同的变化，这样才可以知道自己在哪方面有所欠缺。

3. 集体讨论，小组复盘

棋手个人的对局复盘带有很大的主观局限性，容易存在闭门造车的情况，无法发现自己的盲区。而通过小组形式的讨论，集思广益，必然使得复盘的思路更加开阔，可以说这是棋手对局复盘最好的形式。

三、复盘的步骤

第一步：回顾得失关键点

复盘开始的第一步，就是回顾棋局中得失的关键点。在回顾关键点时，要把实战中希望达成的目标和实际的结果进行比较，找到二者之间的差别。

结果与目标的对比，有三种可能产生的情况：

（1）结果和目标一致，没有出现误算。

（2）结果超越目标，对方出现误算。

（3）结果不及目标，自己出现误算。

结果对比的目的不仅仅是为了发现差距，更重要的是发现问题。重点不是关注差距有多大，而是找到出现差距的原因。

第二步：自我剖析棋局

对整盘棋进行反思和分析，看看在哪些方面可以做得更好，哪些方面是自己没有计算到的，并试着找出原因、发现规律。自我剖析能让我们先对自己的整盘棋进行一下梳理，有了一个大致的判断，之后在别人帮自己拆棋的时候能提前有所准备，也更容易对比出自己的差距。

第三步：总结经验

总结的内容包括体会、体验、反思、发现的规律，还包括行动计划，需要实施哪些新举措，需要补充哪些相关的知识点等等。

同时我们也可以通过众人设问的方法让复盘突破个人见识的局限性，考察每一种可能的机会与变例，当这些被探讨明白了以后，所有的问题就都一清二楚了。

总结是复盘最重要的内容，上面所有的步骤都是为了得出结论、找到规律，形成符合真相的认识。

下面是一则标准而完整的复盘记录，是笔者托象棋国家大师刘丽梅写的复盘实例，供大家学习和借鉴。

复盘记录实例

朱子明　先负　刘丽梅

①仕四进五　炮8平5

红方先手补中仕，出乎我的意料。我在脑海中飞快搜索红方可以演变的布局，认为有可能以后发展成过宫炮、仕角炮、飞相局这三种类型之一。针对这三种布局，黑方都可以用中炮来应对，于是我选择炮8平5，以不变应万变。

②相三进五

看到红方飞相定形以后，我不安的心思终于放下了。红方这种布局的节奏偏缓，黑方在开局阶段不会遇到太过激烈的局面，正好适合我的风格。

②……　　　马8进7　　③马二进三　车9平8

④车一平二　卒3进1

实战中我考虑到如果红方走兵三进一，我则车8进6过河。如果红方先走炮二进四封锁，我再卒7进1挺卒。所以，我在此处选择卒3进1开通右翼子力，保持阵形的均衡。但复盘分析时我发现，当时的计划稍有问题，此处还是应走卒7进1为宜。

⑤炮八平七

红方这着平炮的作用不大。不如改走兵三进一，黑方如车8进6，红方可以马三进四跳出来，由于红方双炮是担子炮，不用担心黑车牵制红方无根车炮。演变下去，红方子力靠前，局势稍好。

⑤……　　　马2进3

此时黑马只能冒着炮火前进了，如改走马2进1，那么之前卒3进1的选择就是一步缓着了。

⑥兵七进一　马3进4

⑦兵七进一　马4进6

（图5-15）

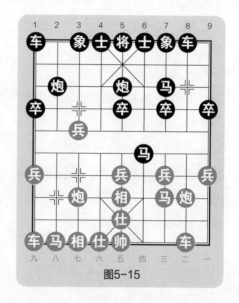

图5-15

虽然放红方七兵过河，但是我大致判断了一下，红方左翼子力未动，下一步我可以马6进4吃回红方过河兵，显然是黑方稍好的局面。

⑧兵七进一　车1平2

我在此处原本的计划是车1平2，马八进九，炮2进5，车九平八，马6进4，炮七平六，卒7进1，黑方先手。实际上，黑方此时最好的方案是先走炮2进5，伏有马6进7得子的手段，红方如马三退四，则炮5进4，黑方优势更大。

⑨兵三进一

红方进三兵兑马，不给黑方炮2进5的机会。走到这里才意识到错失先机。

⑨……　　　马6进7　　⑩炮七平三　车2进1（图5-16）

此时重新审局，不难发现红方右翼无根车炮明显是一个弱点，黑方准备车2平8捉车。在此之前，还应先计算一下炮5进4的变化，则马八进七，车8进6（如炮5退1，则车九平八，炮2进6，兵三进一，红优），马七进五，车8平5，车九平八，红方反而牵制住了黑方车炮，得不偿失，于是果断放弃这路变化。

⑪马八进七

当时计算红方可能会考虑兵七进一，则炮2进6，兵三进一，车2平8，兵三进一，前车进6，车二进二，车8进7，炮三进五，黑方可以车8退5再炮2退5，双方大体均势。

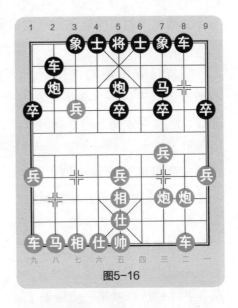

图5-16

⑪……　　　　　车2平8

⑫炮二进七　车8进8

⑬炮三退二

红方这步退炮受牵，不是上策，对于黑方来讲是意外之喜。

⑬……　　　　　马7退8

⑭车九平八　炮2平1

⑮车八进五　（图5-17）

此时，黑方优势明显。临场我仍不敢掉以轻心。红方这着进骑河车颇让人费解。骑河车虽是要点，但红车以后没有太好的落点，可能准备车八平四支援右翼

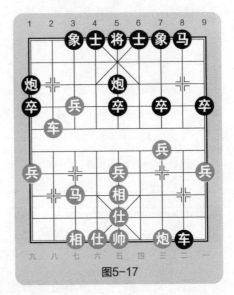

图5-17

吧。当时还考虑过红方是不是有兵三进一的手段，考虑到兵三进一，则炮5平7，这样互相"吊"着，红方仍没有什么手段，于是判断红方这着棋既不是什么威胁也未形成有效进攻，我决定仍然选择炮5平9，准备攻击红方相对空虚的右翼。

⑮……　　　　　炮5平9　　　　⑯兵七平六

平兵的节奏太缓，显然可以不用理会。

⑯……　　　　　炮9进4　　　⑰仕五退四　炮9进1

进炮打马是我精心构思的一着棋。红马保护着中兵，一旦红马离开防守要点，我再炮1平5攻击中兵，这样黑方进攻的形势就更加简明了。

⑱马七进六　炮1平5　　　⑲马六进四　车8退5

在这里退车牵制，主要的想法是不给红方马四进五换炮的机会。

⑳马四退六　炮5进4　　　㉑仕六进五　车8平2

行棋至此，黑方多子稳获优势。

㉒马六进八　卒5进1

㉓马八退六　卒5进1

㉔马六进八

临场红方用时较为紧张，进马退马作用不大，反而让黑方过卒，白白"偷得"两先棋。

㉔……　　　　　炮9进2

（图5-18）

黑方现在考虑的是如何入局的问题，目前双炮卒的攻击力显然是不够的。于是决定先利用天地炮来控制红方阵形，择机再运马渡卒加强进攻。

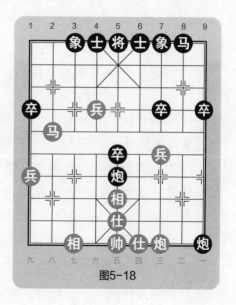

图5-18

㉕帅五平六

红方出帅给了我打中仕的机会。

㉕……　　　　　炮5进2　　　㉖帅六进一　炮5平7

此时不让红方炮发出来，更有利于黑方进攻。

㉗马八退七　卒5进1　　　㉘帅六平五　象7进5

黑方最快的路线就是马8进6，再马6进8、马8进9，从边路跃出来，这是我设计的行进路线。

㉙马七进六　卒5平6

㉚炮三平二　炮9平6

（图5-19）

平炮再打一仕，消除红方双仕以后，我的取胜信心更强了。

㉛兵六进一　卒6进1

进卒卡位，不给红方帅五平四的机会。

㉜兵六平五　马8进6

㉝炮二进三　马6进5

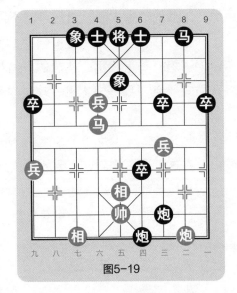

图5-19

红兵已经冲下去了，黑马在行进路线上自然没有舍近求远的必要。

㉞炮二平五　士6进5　㉟炮五进二　象3进5

㊱马六进五　将5平6　㊲相五进七　卒9进1

这里其实也可以马5进3，但是我的用时也比较紧张了，以后连续挺边卒是最为省时省力的走法。

㊳马五退七　卒9进1　㊴马七退六　马5进3

㊵炮五平六　卒6进1　㊶帅五进一　炮7退1

㊷帅五平六　炮6平4

至此黑方再得一子，红方认负。

提升能力无非几种途径，要么从书本或培训中获得，要么向有经验的人求教，其余的便是在实践中自我成长。复盘就是一种从实践中学习的方法，且由于全部内容均出自自己的对局，我们从中得到的领悟无疑是最直观、最难忘的，也更容易在下一次对局中直接学以致用，使自己的棋力水平得到明显的提升。

第六章

实战对局详解

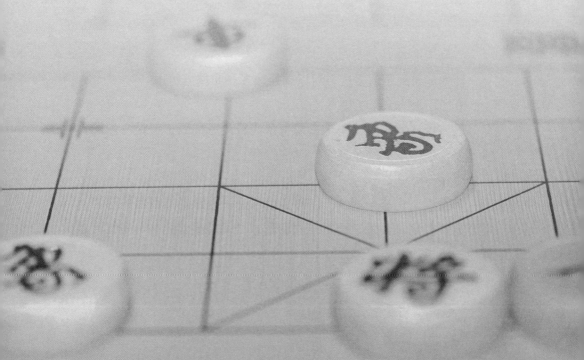

正如上一讲所说，打谱和复盘对我们涨棋有很大的帮助，但是选择什么样的棋谱对我们而言更合适呢？笔者的建议是，不一定非要选择特级大师、大师们的对局，这些对局固然精彩，但是受读者自身棋力的限制，一些精妙的构思和着法，以及很多深奥的战术，我们并不一定看得懂、理解得透，这样的棋谱打起来反而事倍功半，效率很低。我们要选择的棋谱最好是贴近我们棋力的棋谱，俗语称为打"顶手棋"的谱，这类棋谱比我们自身的棋力水平高一些，但是其中的战术、着法我们通过自己拆解就能看明白，这样的棋谱才是我们打谱最好的素材。

本着这一原则，我们在这一章中即将看到的几例棋谱都不是大师对局，而是笔者在一些象棋赛事中担任教练或裁判长时，记录下的几盘民间佳局。

第一局　仕角炮对飞象

① 炮二平四

仕角炮布局灵活多变，可以转换成多种布局阵势。

① ……　　　象 7 进 5

黑方用飞象应对仕角炮布局有意走成散手局面，但是飞象的针对性不强，不如卒 7 进 1 更有针对性。

② 兵三进一

黑方没有走卒 7 进 1，红方走兵三进一也是自然而然的选择，以后红方能走到马二进三再马三进四形成"马炮最佳结构"是红方最为理想的结果。

②……   炮8进2

黑方进炮多少有些出人意料。笔者的第一感觉是飞象和后续进炮两着棋"不搭界",无法形成子力或者阵形之间的联络,于是判断这着棋的效率不高。可能是黑方应对仕角炮布局的经验不多,属即兴发挥之着。总之,这着棋从大局的角度来看是一步缓着。

③马二进三   炮8平1

黑方平炮打车意在破坏红方阵形。

④马八进九

此时红方不宜走炮八平九或者相七进九。如走炮八平九兑炮,红方以后少了炮八平五形成五四炮布局的变化,属于局部定形过早,正中黑方下怀。如走相七进九看似不破坏阵形结构,以后依然可以走马八进七形成反宫马棋形,但是边相这着棋位置欠佳,以后还要调整,等于是浪费了一着棋。而且飞相边以后影响九路车的开动,红方还要兵九进一把炮赶开后再出车,都会影响红方布局的整体性。

④……   马8进7

⑤车一平二

红方先出大子正确!若一味考虑黑方1路炮的存在,选择兵九进一,则炮1进3,车九进二,车9平8,黑方不仅先亮出9路车,而且红方九路车位置欠佳,红方不利。

⑤……   士6进5

⑥炮八平五 (图6-1)

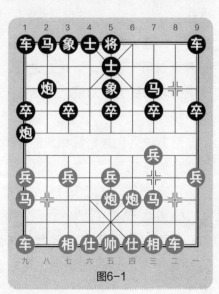

图6-1

红方平中炮看似必然,实则是随手棋,红方还是应走马三进四,既能封锁黑车,又可形成"马炮最佳结构"。棋理有句话叫"敌之要点,我之争处",其实讲得也是这个道理。红方先走马三进四，则黑方无法走到车9平6的棋；黑方先走车9平6以后，红方也没有机会再走马三进四了。这样反推过来，红方兵三进一的效率就要大打折扣了。

⑥……　　　车9平6　　⑦仕六进五　炮1平2

黑方平炮机警，使得红方出动左车的计划落空。由此可见第6回合红方炮八平五亮车的计划是失败的。

⑧炮四进二

显然如果让黑方抢到车6进6再车6平7压马的机会，红方整体的攻势就将受阻。选择进炮巡河保持阵形的灵活，是从全局考虑的一着好棋。

⑧……　　　车6进4　　⑨炮五平四　车6平4

⑩相七进五

红方利用升炮、平炮打车、飞相这三步棋调整阵形，为九路车找到线路。

⑩……　　　卒1进1

黑方进边卒是当前局面下打开局面的唯一手段。如马2进3，则车二进七捉马，马7退6，红方接下来有前炮平七的先手，黑方不利。又如先走车1进1，则车二进七，车1平4，马三进二，以后红方马二进一，黑方左翼将承受很大的压力。实战中黑方进卒的好处在于下一着可以卒1进1，则兵九进一，车1进5黑方先手把位置最差的边车调到骑河线上，对红方阵形形成冲击。

⑪兵七进一

红方进兵也是针锋相对的举措，通过右翼的巡河炮来进行策应。

⑪……　　　卒3进1

黑方冲3卒是力求打开局面的选择。

⑫车九平七

红方显然不能车九平六兑车，这样交换红方左翼太过空虚，黑方右翼子力出动虽然滞后，可一旦开通出来，红方的防守压力会非常大。

⑫……　　　炮2平3

在己方有巡河车的局面下，黑方轻易不会主动兑卒。如卒3进1，则车七进四，红方抢到巡河车，阵形协调，黑方显然不满意。

⑬兵七进一　象5进3

黑方飞象不好，没有进行深度计算。正确的选择是车4平3，则车七进五，象5进3，前炮平七，象3退5，黑方以后可再马2进1调整子力。

⑭马九进七

红方这着是黑方飞象后没有考虑到的一步棋。

⑭……　　　炮3进4

交换过于简单。黑方顽强的走法是车4平8兑车。理论依据是黑方已处劣势，可以通过兑掉对其左翼威胁最大的二路车来延缓红方攻势。红方接下来如车七平八，则车8进5，马三退二，马2进1，马七进五，炮3进1，黑方全力防守，局势尚可。

⑮车七进三　炮2进5

沉底炮是一个好位置，但是黑方孤炮深入缺少子力配合，显然不是最佳的选择。黑方还是应走象3退5，以后可以用2路炮策应7路马更为顽强。

⑯车二进七　车4退2　　　⑰马三进二

现在可以做一个简明的形势判断，红方车、双炮、马四子攻击黑方左翼，黑方左翼仅有7路马一子在防守，双方实力相差过于悬殊。

⑰……　　　马2进1

面对红方攻势，黑方判断有误，应走车1进2加强策应，以下红方马二进一，黑方还有马7退6兑车的手段，局面将会有所松透。

⑱马二进一　车1平2

⑲马一进三

吃掉黑方最后一个防守子力后，形成"四打零"的局面，黑方再如何防守也难抵抗。

⑲……　　　士5退6

⑳后炮进七　炮2平1

黑方见已经无力防守，平炮组织对攻。

㉑仕五进六（图6-2）

此时，红方要细加计算双方的对攻速度。从静态局面计算，黑方要经过车4进5吃士再车4进1控帅，最后车2进9完成杀棋，共需要三步。红方接下来只需前炮平一、车二进二两步即可成杀。所以红方支仕以后可以抢先成杀。

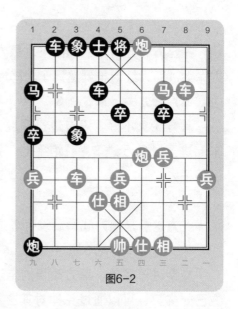

图6-2

㉑……　车2进9　㉒帅五进一　车2退1

㉓帅五退一　士4进5　㉔车七进二

红方进车简明，也可前炮平一，黑方只有车4平7弃车砍马，红方也胜定。

㉔……　象3进5　㉕前炮平一　将5平4

㉖马三进四　象5退7　㉗车七进四（绝杀，红胜）

第二局　过宫炮直车对左中炮

①炮二平六　炮8平5

应对过宫炮的布局有很多，但是实战中黑方对此类应对之法显然并不熟练。黑方之所以选择中炮还击，并不是准备套用顺炮布局，而是决定套用盘头马横车的阵式来应对红方过宫炮。黑方之所以选择这样的结构主要基于以下三点原因：一是中炮对过宫炮中路上有一定牵制；二是利用横车过宫来牵制红方过宫炮是非常有利的选择；三是红方不是中炮布局，以后可能会在中路飞相、补仕，因此黑方盘头马从中路打开局面的时候，受到牵制力明显会小不少。

在遇到不熟悉的局面时，我们可以选择相对熟悉的布局结构进行套用或局部借用，这是布局阶段常用的应变之法。

②马二进三　　马8进7　　③车一平二

红方也有补右侧仕相再出贴将车的下法，但因速度缓慢而未能流行。

③……　　　　马2进3

黑方先进右正马是保留变化的选择，此时如先走车9进1会有定型过早之嫌。定型过早是指一方阵型本有多种选择可以灵活应变，但是走出某一着棋后，可选择的变化一下少了很多，棋形失去了应有的灵活性。为什么我们讲车9进1会定型过早呢？车9进1以后红方可以顺利走车二进四升巡河车，以后挺兵活马，阵型开扬。黑方马2进3以后，红方车二进四，黑方可以车9平8直接兑"窝车"，这样就能打乱红方升车巡河的计划。

④相七进五

飞相是红方选手自己的习惯性选择，由于节奏偏缓，这种变化在实战中出现得并不多。此时红方可以选择兵七进一为以后马八进七做准备，但是不宜直接走马八进七，否则卒3进1，车二进四（若车二进五，卒5进1，红车被卡在右翼失去控制黑方巡河线的机会，黑方满意），车9平8，车二平六，红方占不到便宜。

④……　　　　车9进1

黑方起横车出动大子也是自然而然的选择，如果再走卒3进1或卒7进1而不出车，显然违背了开局尽快出动大子的基本棋理。

⑤马八进七　　车9平4

⑥仕六进五　　卒5进1

冲中卒准备跳盘头马是黑方预先设计好的变化。

⑦车二进四　　　车4进5

⑧炮八退二（图6-3）

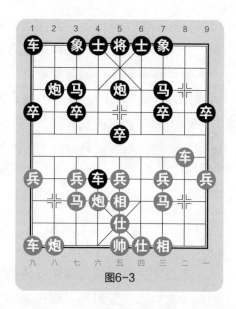

图6-3

红方退炮是准备在黑方车4平3时，可以走车九进二，以后有炮八平七的反击。从双方棋形的结构来看，显然是黑方更为满意，红方子力相互制约，缺少灵活性。而红方出现这个问题的原因就是在于第4回合中相七进五这着棋定型过早，如果当时改走兵七进一，此时红方就可以灵活调运子力，不用退炮参与防守，而可以直接炮六平四调整炮位，如图6-4，待黑方接下来马3进5后，红方再相七进五，则要比实战着法的阵型更工整，结构更合理。

⑧……　　　　马3进5

⑨炮八平七

红方平炮看似限制黑车，从局部来说有一定道理，但是放眼全局就显得不合时宜。黑方布局结构势必要从中路突破，并且突

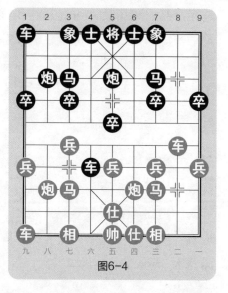

图6-4

破后要利用过河车来作为进攻的纽带。考虑到这个因素，红方可以采用兑车战术来延缓黑方的反击速度，即炮八平六，车4平3，车二平七，车3退1，相五进七，车1平2，车九平八，炮2进6，相七退五，双方互有牵制，红方虽亏一些，但整体来看双方仍是相持之势。

⑨……　　　　车1平2　　　⑩车九平八　炮2进4

黑方进炮封车继续限制红方子力的展开。

⑪车二平七

红方出现误算，保兵准备炮七平六打死车，显然这个方案是不成立的。

⑪……　　　卒3进1　　⑫车七平二

红方如炮七平六，则车4进1，仕五进六，卒3进1，红方白失一炮。

⑫……　　　卒5进1

⑬兵五进一　马5进7

⑭车二平三（图6-5）

防守黑马的进攻要卡对位置，红方应走车二平四更顽强。以后黑方后马进5，则车四进一，炮5进3，兵三进一，迫使黑方形成子力交换，红方局势尚可。

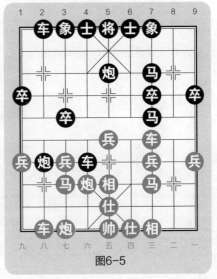

图6-5

⑭……　　　后马进5

⑮车八进二　马7进5

⑯炮七平六　车4进1

黑方进车吃炮，先弃后取。

⑰仕五进六　前马进6　　⑱帅五进一　马6退7

⑲兵三进一　马5进6　　⑳帅五平六

此时即使红方帅五平四，黑方炮2退3后，红方同样难应。

⑳……　　　炮2平9

观察到红方帅位不佳，黑方果断平炮打兵，准备利用重炮作杀。

㉑车八进七　炮9平4

㉒仕六退五　炮5平4（绝杀，黑胜）

第三局 对兵局

①兵七进一 卒7进1

黑方选择对兵局是考虑到常规的卒底炮布局，红方棋手可能会更为熟练。采用对兵局以后套用反宫马结构虽然在布局节奏上稍亏，但这是后手方值得依赖的稳定结构。

②炮二平三

红方以兵底炮对付对兵局，是一种针锋相对的战略。

②……　　　炮8平6

黑方平士角炮准备套用反宫马或者单提马的结构。但就棋而言应走炮2平4更为合理。布局方向的不同，结构发展和战术应用的方向必然也不同。这里我们详细对炮8平6和炮2平4的结构性区别进行说明。炮8平6以后，红方第一选择是兵三进一，以下象7进5，兵三进一，象5进7，马二进一，马8进7，炮八平五，士6进5，马八进七（图6-6），这个棋形结构下，黑方要亏损一些，特别是7路高象以及中卒都会暴露出一定的弱点，不好调整。而如果选择炮2平4，则兵三进一，象7进5，兵三进一，象5进7，马二进一，马2进3，炮八平五，黑方有炮8平7兑炮的巧手（图6-7），棋势不差。黑方也可以放弃象5进7吃兵的权利，直接选择马2进3，再车1平2开动右翼，形成对抗的局面。由此可见，炮2平4要比炮8平6更合理。

③相七进五

红方飞相过于求稳，放缓了进攻节奏，应走兵三进一更为紧凑。

③……　　　马2进3

同样道理，黑方此时应走马8进7快速消除红方兵底炮的威胁。

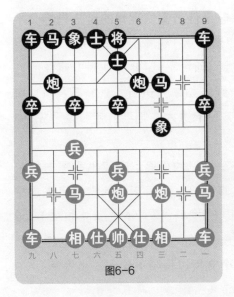

图6-6

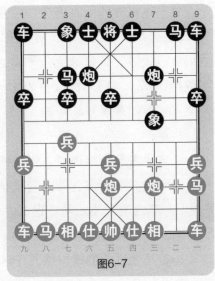

图6-7

④马八进七

红方棋手也没有意识到自己的优势点在哪里，没有抓住兵三进一扩先的机会，非常可惜。

④……　　　　马8进9

红方没有意识到的优势，黑方反而是有所察觉的，选择跳边马就是防止红方兵三进一的冲击手段。对弈不能抱有侥幸心理，对方一次没看到，不等于次次都看不到。凡是对方错过最佳攻击方案的时候，我们应该立即补好漏洞，以防对方突然醒悟过来。

⑤马二进一　车9平8　　⑥仕六进五　象3进5

由于红方在布局过程中只顾己方子力的开展速度，忽略了遏制对方的行棋速度。导致黑方的排兵布局毫无压力，飞象以后黑方已经取得了相对满意的局面。

⑦车九平六　士4进5

黑方最早考虑的是卒9进1活通边马，但看到红方右车出动较晚，果断补士准备兑掉红方肋车。

⑧车六进四　车1平4

兑车是黑方的既定选择，但并非最佳方案，理想的走法是炮2平1，马七进八，待红马跳出后再决定选择炮1进4还是车1平4的变化。我们之前说过，凡是涉及兑子类的计算时，一定要先从对方避兑的方案进行计算。当前局面就是如此。红方如车六进五，则将5平4，黑方便宜。但如果黑方车4进5，红方马七进六，则红方就获得了先手。

⑨车一平二　车4进5

红方平右车直接邀兑，形成四车相见的局面，着实出乎黑方的意料，此时先兑哪个车，黑方应该认真计算一下。正确的走法是先走车8进9，车六进五（如马一退二，炮6进4，黑方不主动兑肋车），将5平4，马一退二，炮6进4，黑方满意。这样交换的好处是红方少走了一着马七进六的棋，黑方在这个交换过程中可偷到一步先手。

⑩马七进六　车8进9　　⑪马一退二　卒9进1

无车局的争夺中要考虑三个要点：一是兵卒的数量；二是双方仕相（士象）的完整程度；三是子力位置的情况。当前局面下黑方双马位置欠佳，如果一味地保留物质上的力量，将会影响到子力位置的展开，红方优势会进一步扩大。基于上述考虑，黑方放弃了卒3进1兑卒的方案。因为如果卒3进1，则兵七进一，象5进3，兵三进一，象7进5，兵三进一，象5进7，红方接走炮三平一继续谋卒，而黑方两个高象位置明显欠佳，红方优势明显。

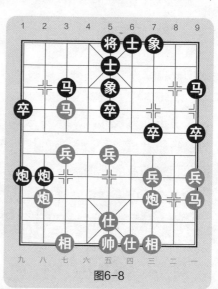

图6-8

⑫马六进七　炮6进4

黑方进炮也是出于谋兵的考虑。

⑬兵五进一　炮2进4

黑方再进2路炮好棋，限制红方子力的开展，特别是控制红方兵三进一的棋。

⑭马二进一　炮6平1

⑮相五退七（图6-8）

　　红方退相原意是准备下一着炮三平七对黑方3路线形成牵制，但是这着棋的行棋节奏太缓。其实即便红方接走炮三平七，则马9进8，马七进五，象7进5，炮七进五，炮1平7，马一进三，马8进7，炮八平五，马7退5，炮五进四，卒7进1，演变成红方双炮双兵仕相全对黑方马炮三卒单缺象，黑方依然是优势局面。通常对方行棋后，我们可以通过计算让其接走一着棋会有怎样的结果，来判断对方行棋的目的和威胁程度。如对方续走的这着棋依然不能对我方形成足够大的威胁，则其这着棋基本就属于缓着。

　　⑮……　　　　马9进8

　　如一方行棋既不是威胁又不是攻击，那么另一方则可以置之不理，按自己的预定计划行棋，这在术语中称为"脱先"。

　　⑯兵五进一

　　红方应走炮三平七，否则上一回合相五退七就是一步空着。行棋切忌前后两着棋没有联系，除非是发现了明显更好的作战方案，否则不轻易改弦更张。

　　⑯……　　　　炮2平3

　　黑方平炮打马意在谋求红方送上门来的中兵。

　　⑰兵七进一　炮1进3　　⑱仕五退六

　　红方只能退仕应将，如相七进九，则黑方炮3进3，红方形势更坏。

　　⑱……　　　　象5进3　　⑲炮三平七　炮3进3

　　黑方也没有必要打马谋兵了，顺势吃掉底相，以后组织双炮马发起攻势已经足够。

　　⑳帅五进一　马8进9　　㉑兵五进一

　　红方冲兵反而把黑方3路马放活了，顽强的走法应选择兵五平四。在已方无法确立优势或占据某条线路的情况下，不宜主动打通局面要道。

　　㉑……　　　　马3进5　　㉒马七退五　炮1退5

　　㉓炮八进三

　　红方进炮保马，离开防守要点，让黑马更加顺利的切入，雪上加霜。

㉓……　　　　马9进7　　㉔炮七平四　卒9进1

㉕马一退三　卒9进1

红方自己把本方子力拴牵住，"活子"越来越少，局面更加被动了。反观黑方攻击思路就非常简明，保持对红方子力的最大限制，通过走动自己的"活子"逐步压缩红方子力的空间，不断扩大优势。

㉖马三进五　　象3退5　　㉗炮八进四　马5进3

㉘前马进七　　马3进4

黑方进马以后，已经形成杀势，在局部形成四子攻两子的绝对优势。

㉙帅五平四

红方如帅五平六，则炮1平4，马七退六，马4进6，黑方胜定。

㉙……　　　　炮1平6

㉚炮四进七　马4退6（绝杀，黑胜）

第四局　起马对右中炮

①马二进三　　炮2平5

通常情况下，后手方会选择炮8平5同侧出动子力，以保持对抗性。实战中黑方选择炮2平5有意避开常规套路。

②相三进五

开局阶段宜先出动大子，红方应考虑走马八进七更为合理。

②……　　　　马2进3　　③马八进九　车1平2

④炮八平六　　炮8平6

黑方平士角炮为跳正马做准备。

⑤炮二进六

红方进炮压马这着棋虽然看起来很有力量，但是本方其他子力联络不紧密，棋形上显得突兀。

⑤……　　　车9进1

黑方出横车，计划通过打击红方的孤炮来展开子力。

⑥车一平二　车2进1

黑方利用双车夺炮的威胁，顺利打通己方的下二路线。

⑦炮二退一

红方如炮二退二，则车2进

5，仕四进五，车9平2，兵三进一，马8进9，黑方满意。

⑦……　　　车9平8（图6-9）

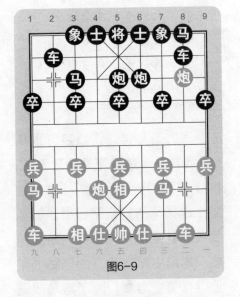

图6-9

如何打破红方的封锁是黑方的首要问题，也是枰面上的焦点，此时黑方选择平车先弃后取是打开局面的好棋。

⑧炮二退一

红方退炮保持牵制，非常冷静的一着棋。

⑧……　　　车8平4　　⑨仕四进五　车4进5

黑方进车积极，准备利用红方双马不活的弱点，及时打通红方兵林线。

⑩兵三进一　炮5进4　　⑪马三进五　车4平5

⑫炮二进二

红方再压马作用不大，务实的选择是车九平八或者兵七进一。

⑫……　　　炮6进2

考虑到红方中路防守子力较少，黑方决定进炮以后伺机平中，牵制红方中路。黑方一旦形成这样的牵制，红方二路底车就不能轻易离线。

⑬车九平八　　车2进8

⑭马九退八　　炮6平5

⑮马八进九　　马3退5

（图6-10）

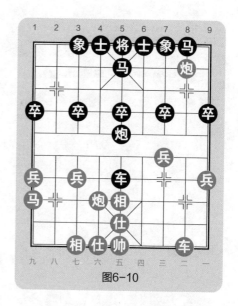

图6-10

　　黑方退马灵巧，以后可以马5进4再马4进5把马调运出来。棋谚说"马行须有后着"，意思就是在选择马的行棋路线时，要多看一步甚至两步，保持马路的通畅。本局中黑方运马的思路非常值得借鉴。当然，除了黑马以退为进的路线以外，黑方还可选择车5平7实现牵制，红方如炮六平七，则车7退1，黑方有多两卒的优势，同样可以满意。很多初、中级棋手在处理局面的时候过于随手，认为局面不是进攻就是防守，这样的理解是不正确的。在进攻或防守的局面形成之前，有一个子力调运的阶段，这个阶段我们称之为"整理阶段"。整理阶段的任务就是加强子力的调运，为攻防积蓄物质力量。实战中黑方马3退5再马5进4就是整理阶段的运子之法。

⑯兵九进一　　马5进4　　　⑰车二平四　　车5平8

⑱炮二平九　　马4进5

随着中马到位，黑方子力整理阶段完成，转入进攻阶段。

⑲相五退三

红方退相是防守黑方马后炮作杀的实用常型。

⑲……　　　　象7进5

黑方飞象稳健，避免红方以后车四进八、车四进五等骚扰手段。

⑳车四进四　　车8进3

黑方进车反捉红相是好棋。

㉑帅五平四　　车8平7　　　㉒帅四进一　　马5进4

㉓仕五进六　士6进5

黑方顺势补士，红方子力分散难以成势。

㉔马九进八　车7平4

黑方目前优势有两点：一是阵型厚实稳固，二是5个卒俱在。实战中黑方选择利用多卒的优势来冲击红方阵地。因此黑方果断把平车杀仕，扫清进攻障碍作为第一方案。

㉕马八进七　车4退2

黑方不怕红方兑子，破掉双仕后已经取得了既定的战果。

㉖马七退五　卒5进1　　　㉗车四进二

红方进车让黑卒得以轻易过河，导致形势迅速崩溃。

㉗……　　　　车4进1　　　㉘帅四退一　车4进1

㉙帅四进一　卒5进1

红方缺双仕，黑方车卒的威胁已经很大了。

㉚车四平三　卒5进1

随着黑卒深入腹地，红方局势更为艰难。

㉛车三平五　车4退1　　　㉜帅四退一　卒5平6

㉝车五平二　马8进7　　　㉞车二平三　卒6进1

黑方弃马作杀，胜势已成。

㉟车三平四　车4进1（绝杀，黑胜）

第五局　仕角炮对横车

①炮二平四　车9进1　　　②马二进三

上一着黑方车9进1抢出横车准备快速出动左翼子力，意在牵制红方四路炮。这类着法在后手方应对过宫炮布局中较为常见，而在仕角炮布局中较为冷僻。黑方这一布局选择让红方有些踌躇，思考良久，决定用先手反宫马布局来应对。

②……　　　车9平6　　③马八进七

红方既然已经选择先手反宫马的计划，应该要坚持执行到底，不用再考虑仕六进五或仕四进五的计划了，否则容易被对方的着法牵着鼻子走。

③……　　　马8进9

黑方跳边马形成快车单提马阵形。由此看来黑方棋手在布局阶段采用"以我为主"的下法，坚持采用自己最熟悉的棋形与红方对抗。

④车一平二　　象3进5

黑方飞象后阵形有些"怪"。从局部结构来看9路横车配飞3路象是可以的，但现在平了6路车以后卡在自己的象眼上，显然不是一个好形。红方当时计算时以为黑方会选择马2进3，则兵七进一，炮2平1，车九平八，车1平2，仕六进五，车2进4，相七进五，红方稍好。

⑤兵七进一

黑方的这几步棋对红方的威胁不大，红方进兵活通七路马，正确的选择。

⑤……　　　车6进3

⑥仕六进五

红方补仕是稳健的选择，可以增加对四路炮的保护，而且是炮在四路、五路、六路间活动时都有保护。同时，这着棋又解放了七路马和八路炮，一举三得。

⑥……　　　卒9进1

⑦车二进六　炮8平6

⑧车二退二（图6-11）

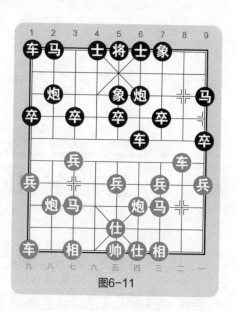

图6-11

红方退车似笨实佳。临场红方考虑到如选择炮四进五，则炮2平6，马七进六，车6进1，炮八进二，卒3进1，以后红方如马六进五，则车6平3，黑方骑河车会牵制红方的巡河线。又如相七进五，则卒3进1，兵三进一，车6退2，相五进七，马2进3，红方有高相以后还要调整，也占不到什么便宜。在此情况下，红方车二退二的优势就比较明显了，一是控制黑方边马跳出的空间，这个位置黑方迟早要调整；二是以后红方可以进三兵活马；三是黑方接下来如选择炮6进5兑炮，红方也可以接受，以后还能车九平八把弱车调运出来。基于以上的判断，红方二路车选择进而复退。我们在行棋时只进不退的执念是要不得的，暂时虽然略亏但对全局发展有利的退让，我们是可以承受的。

⑧……　　　　马9进8　　　⑨马七进六

红方利用兑子战术，化解黑方的反攻。

⑨……　　　　车6进1　　　⑩车二平四　　马8进6

⑪兵三进一

红方要在兑炮还是兑马之间选择，考虑到兑炮以后双方可能会出现连续兑子的情况，而随着双方子力的简化，黑方右翼子力出动滞后的弱点会被掩盖。所以临场红方选择兵三进一兑马，更有利于保留变化。

⑪……　　　　马6进7　　　⑫炮八平三　　马2进3

⑬车九平八　　炮2平1　　　⑭马六进七

双方暂时都没有更好的进攻或者防守要着可走。在这样相持的局面下，红方选择了谋卒积累物质优势的策略。

⑭……　　　　炮1进4　　　⑮炮三进四　　炮1平3

⑯马七退六

红方保留位置更好的三、七路兵，优势又扩大了一些。

⑯……　　　　士4进5　　　⑰炮四平六

红方不给黑方先手出车的机会，老练。由此可见，黑方上一着的士4进5不如车1进1更灵活一些。

⑰……　　　卒1进1

⑱相七进五　卒1进1

⑲马六进四　车1平2

⑳车八进九　马3退2

㉑炮三进一（图6-12）

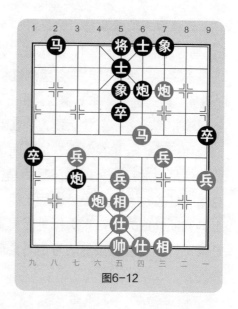

图6-12

当前红方已经是优势局面，主要的思考方向要放在进攻上。红方果断选择进炮限制黑方肋炮，伏有马四进二等进攻手段。在这个构思中，红马的作用至关重要，要保持红马最大的灵活性就需要避开黑方6路炮的骚扰，那么限制黑方6路炮的活动空间就是很重要的一个环节。

㉑……　　　炮3平4

黑方平炮准备回防。

㉒马四进二　炮4退5　　㉓兵三进一

红方进兵犀利，黑方如象5进7，红方有马二进三再炮三进二的杀棋。

㉓……　　　炮6进3　　㉔炮六进四

红方准备兵七进一过河助战。

㉔……　　　士5进4　　㉕炮六进二

考虑到红方必然可以形成多双兵的优势，所以是可以接受兑子的。并且通过计算后发现，兑炮以后还能白赚一象，于是红方欣然接受了黑方的邀兑方案。

㉕……　　　马2进4　　㉖马二进三　炮6退4

㉗炮三进二　士6进5　　㉘兵三进一

红方破象以后，黑方形势进一步恶化。

㉘……　　　卒5进1　　㉙炮三平一

红方最大限度地发挥马、炮、兵的攻击作用，黑方已经难以抵抗了。

㉙ ……　　　马4进2　　　㉚马三退一　将5平4

㉛兵三平四

红方也可以炮一退四打卒，利用多兵的优势稳扎稳打。

㉛ ……　　　卒1平2　　　㉜炮一退四　卒2平3

㉝相五进七　马2进4　　　㉞相三进五　马4进6

㉟炮一平五　马6进5　　　㊱炮五退一

退炮挤住黑马以后红方净多双兵，黑方又是残象，红方已经基本锁定胜局。

㊱ ……　　　马5进7　　　㊲炮五平六　将4平5

㊳兵一进一　马7退6　　　㊴兵一进一（黑方认负）

第六局　飞相对挺卒

① 相三进五　卒7进1　　　② 兵七进一　马8进7

黑方进左正马同进7卒着法相联系，正常出子。当时还考虑黑方可能会选择炮2平5或炮8平5架中炮的变化。

③ 马八进七　马7进6　　　④ 车九进一　炮2平6

形成"右相左横车对右炮过宫盘河马"的阵势。黑方如改走炮8平6，则马二进四，车9平8，车九平六，象3进5，车六进四，马6退7，兵三进一，卒7进1，车一平三，马2进3，车三进四，卒3进1，车六退四，红方易走。

⑤ 马二进三（图6-13）

这着棋红方考虑时间略长，主要是在马二进三和炮八进三之间摇摆不定。从棋局上看，红方炮八进三进骑河炮攻击黑方河口马，是常用的战术手段，以后的变化大体是马6进7，马二进四，马7进6，车九平四，士4进5，炮二平三，象3进5，车一平二，炮8平9，车四进五，马2进3。计算到这里，红方感觉自己的子力都集中于黑方棋形厚实的一侧，找不到后续的进攻手段。

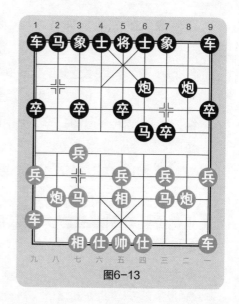

图6-13

而选择马二进三则有所不同，黑方6路马、炮虽然构成马炮最佳形，但是从布局形状来看，黑方终究要把这个棋形打开的可能性较大，那么红方九路车就有机会发挥更好的效率。想到这里，红方决定走马二进三跳正马，待机而动。

⑤……　　　　马2进3　　⑥马七进八　　炮8进3

黑方进炮打马针锋相对，但是感觉不如士6进5稳健。从直觉上黑方可能是担心士6进5后红方有炮二进三的手段，以下马6进7，炮二进一，红方主动。

⑦兵三进一

红马起到封车的作用，是红方左翼阵形的支撑点，所以红马肯定不能动，那么兵三进一就是必走之着。

⑦……　　　　卒7进1

⑧马三进二　　卒7平8

⑨车一平三

红车顺利从相位开出，此时可见黑方炮8进3的计划并没有讨到便宜。

⑨……　　　　士6进5

黑方支左士有些出乎意料，感觉上还是要走士4进5为宜。这样红方即使以后车九平四或车九平三，黑方左翼也不会成为薄形。

⑩车九平六（图6-14）

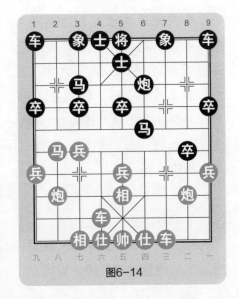

图6-14

红方平车其实是一步不明显的软着。临场红方也考虑过车三进六或车三进五的变化，如车三进六，则卒8进1，炮二退二，马6进5，车九平六，炮6进4，红方没有什么便宜。而如走车三进五，则马6进5，车三平二，卒8平7，车九平六，卒7进1，双方易陷入乱战，红方一时也没想到好的手段。但复盘时发现，红方其实有炮二进二的续着，则车9进2，车六进二，卒7平6，马八进七，以后红方有兵七进一手段，优势很大。由于计算深度不够，红方临场没能发现炮二进二这着好棋，所以退而求其次，选择了车九平六的走法，先占一个好位置，也是可以接受的。

⑩……　　　　象7进5　　⑪车三进六　卒8进1

⑫炮二平一

黑方阵形虽然工整，但是左翼是有弱点的，所以红方选择平炮保持变化。如改走车三平四，则卒8进1，车四退一，红方八路炮不好调到右翼，有后劲不足的感觉。

⑫……　　　　卒8平9　　⑬车三平一

红方平车好棋，顺手牵羊，借兑车的机会谋了一个边卒。

⑬……　　　　车9进3

黑方如果避兑，则红方车一退三吃卒，红方优势更大。

⑭炮一进四　卒3进1

黑方此时的当务之急是把1路车尽快开动出来，比如黑方可以选择卒1进1，则车六平二，象5退7或卒1进1等着法。但此时走卒3进1显然是一步坏棋，造成左翼防守过于空虚，红方有了利用的机会。

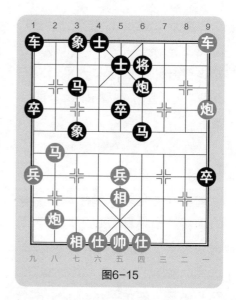

图6-15

⑮ 兵七进一　象5进3

⑯ 车六平二

红方利用黑方高象的弱点，平二路车调整进攻方向，好棋。

⑯ ……　　　将5平6

⑰ 车二进八　将6进1　⑱ 炮八退一（图6-15）

退炮之前，红方还计算过一路先弃后取的变化，即马八进六，马3进4，炮八进六，士5进4，车二退一，将6退1，炮一进三，车1进1，炮八平三，车1平7（黑方可弃还一子，化解攻势），车二平三，马6进5，红方仅有车炮和九路边兵，虽有优势但是取胜的难度太大，于是放弃这路变化。

⑱ ……　　　马6进7　⑲ 炮八进二　马7进6

⑳ 炮一平四　炮6平5　㉑ 炮四退四

红方将军之后顺势退炮挤住黑马，是很巧的一着棋。

㉑ ……　　　卒9进1　㉒ 仕四进五

此时是要车二退八再车二平四得子，还是要继续保持攻势呢？红方在两种计划中又抉择再三。考虑到黑将位置不佳，红方子力活跃，赢下来的希望很大，于是最终放弃了得子的方案。

㉒ ……　　　士5进4　㉓ 炮八退二　马6退8

㉔ 炮四平一　马8退6　㉕ 车二平五

局势大占优势的情况下，红方出现了一个小小的误算。红方本意是不让黑将平中，以后可以发挥双炮的进攻威胁，有机会在肋线上形成重炮杀势。

㉕……　　　马6退7　　㉖车五平三

红方发现了自己的无算之处，如果车在中路则不能走仕五进四，否则炮5进4打将抽车！于是只好再把车平出来另寻机会。回过头来看，红方上一回合宜走车二退六捉马，优势更大。

㉖……　　　马7进6

黑方忙中出错，此时宜走马7退6要更顽强一些。

㉗车三退六　马6退5　　㉘兵五进一　马5退3

㉙马八进七　炮5进3　　㉚炮八进七

进炮准备借将军之利，走出夹车炮的杀势。

㉚……　　　车1平2　　㉛车三进五　将6退1

㉜炮一进七　象3进5　　㉝车三平二

行棋至此，红方已经看到了获胜的希望。

㉝……　　　象5进7　　㉞炮八平三　将6进1

㉟炮一退一　象7退9　　㊱车二退一　将6退1

㊲车二进二　象9退7　　㊳车二平三（绝杀，红胜）